AF893806

Down Easy

Magyar nyelvű kiadás

Szakácskönyv nyelési nehézségekkel küzdőknek

Írta és szerkesztette

Judy Best

Fordította

Horvath Attila

Lektorálta

Szirányi Judith

Judy Best COOKx

Kiadó: Judy Best Cookx, Henderson, NV 89012

Fordította: Attila Horváth

Szerkesztő: Judith Szirányi

Fedélterv: Darko Bovan

Producer: CreateSpace

Táplálkozási adatok: The Living Cookbook©

ISBN-13: 978-0-9854231-3-1

ISBN-10: 0985423137

Table of Contents

Előszó

Az orvosok befejezték a torokrák kezelését. Életben voltam, de a testemet feldúlta a kemoterápia és a sugárzás. Egy hónapon keresztül semmit sem tudtam lenyelni, még a vizet sem. Az élettel egy, a gyomromba illesztett cső kötött össze. Nem volt nyálam és az arcom a fogaimhoz tapadtak, a nyelvem pedig a szájpadlásomhoz. Se ízlelni, se szagolni nem tudtam semmit. A beszéd is nehezemre esett, alig tudtam kipréselni a szavakat meggyötört hangszálaimon keresztül. Állandó fájdalmaim miatt négyóránként kábítószert kellett szednem és elvesztettem a súlyom 20%-át.

Eljött az ideje, hogy meggyógyítsam magam – de hogyan? Erről szól ez a könyv. A feleségem írta. Ő meg van győződve arról, hogy az vagy amit eszel, hogy az egészséges táplálkozással a friss és természetes ételek fogyasztásával tudjuk legjobban karbantartani testünket. Ő nem dietetikus, hanem Cordon Bleu szintű szakács és a főzés a szenvedélye. De mit tehet egy profi szakács egy gurmanddal, aki még nyelni sem tud?

Tehát a feleségem kiadta a jelszót: „Az ízlelőbimbóid képzése elkezdődött" és felkészült rá, hogy újra formába lendítse őket. De nem volt könnyű dolga. Amikor a csövet kivették a gyomromból, elkezdett gyümölcsleveket és turmixokat készíteni nekem minden három – négy órában. Néhány hét után már éreztem a só ízét – nagyon kis fejlődés, de néhány ízlelőbimbó már működött. Azután fokozatosan egyre szilárdabb ételeket kaptam. A buggyantott tojás volt a kedvencem, amihez sokáig ragaszkodtam, de ő szelíden egyre komolyabb kihívások elé állított.

Végre már érzékelni tudtam az édeset és később a keserűt is. A gyógyulásom nem volt folyamatos, hanem inkább kiszámíthatatlan. Egyik nap halványan éreztem egy bizonyos étel ízét, a következő nap pedig egyáltalán semmit. Volt úgy, hogy evés után a torkom megfájdult és a hangom reszelős lett, de másnap semmi problémám nem volt. Minden nap „próba-szerencse alapon kezdődött és a feleségem folyamatosan finomította a főzési technikát és a recepteket.

Ahogy a hónapok teltek, egyre változatosabb ételeket készített a gondosan válogatott teljes értékű alapanyagokból. Egyik legfontosabb felfedezése az volt, hogy az ételnek saját nedvességet kell tartalmaznia. A legnagyobb jóindulattal elkészített szószok és mártások sem voltak elegendőek önmagukban, hogy segítsenek a nyelésben. Ekkor választotta a feleségem mottójának azt hogy „Down Easy", ami azután ennek a könyvnek lett a címe.

Már sokkal jobban vagyok. Természetesen még vannak problémáim bizonyos ételek nyelésével. Az ízlelőbimbóim még kiképzés alatt vannak és még nem vagyok kész a főző Olimpiára. Viszont visszatérhettem a normális napi rutinjaimhoz és már elég akaraterőm van ahhoz, hogy újra elkezdhettem teniszezni. Akik találkoztak velem, nem is sejtik, hogy milyen rossz bőrben voltam pár hónappal ezelőtt. Mennyiben köszönhető mindez annak a sok csodálatos ételnek, amit a feleségem főzött nekem ? Ki tudja ? Egy biztos, nem ártott és a tudat, hogy egészségesen táplálkozom sokat segített, mentálisan is.

Hálával és szeretettel

George Linton

Bevezetés

Ezt a könyvet a szeretet írta. Megsokszorozta a kreativitásomat és a főzés világában új területek felfedezésére késztetett. Sokat merítettem házi könyvtáram szakácskönyveiből, az internetről és a kedvenc szakácsaimtól a TV főzőprogramjaiban. A többi recept az én alkotásom. Mivel Magyarországon születtem és gyermekkoromat ott töltöttem, néhány különleges recept ezt a kultúrát is tükrözi. A legfontosabb célom az volt, hogy könnyen nyelhető, friss és természetes ételekkel tápláljam a férjemet, hogy visszanyerje egészséges súlyát.

Ebben a könyvben számos, könnyen elkészíthető recept található, relatíve kevés hozzávalóval és egyszerű módszerekkel, amelyekkel ízletes ételt készíthetünk, amit az egész család élvezhet. Nagyon fontos, hogy az alapanyagoknak legyen saját belső nedvességtartalmuk. Például a csirke, a pulyka, a borjú, a rák vagy a marhahús nehezen nyelhető, de a lágyabb halak, mint például tengeri sügér, nagy rombuszhal vagy tengeri kagyló, sokkal könnyebben nyelhető, ha sütőpapírban van sütve. Olyan gyümölcsök, mint az avokádó, mangó és papaja fogyasztása nagyon célszerű, mert elég nedvességet tartalmaz és húsuk is nagyon lágy.

A legtöbb hozzávaló, amit használok, bio és minimálisan kezelt vagy feldolgozott. Igaz, használok kész leveskockát, fagyasztott gyümölcsöt vagy zöldséget és ritkán készterméket is. A receptek nagyon kevés finomított fehér cukrot, kukorica szirupot vagy más vegyileg módosított élelmiszert vagy alapanyagot tartalmaznak. Azt a szabályt követem, hogy ha egy összetevő nem friss vagy nehezen kimondható vegyszert tartalmaz, akkor azt nem szabad felhasználni.

Sokan érzékenyek a lisztre vagy Celiac kórban szenvednek. Néhány receptem glutén mentes és ezeket jelzem is. Mindenesetre ellenőrizzük a receptek összetevőit, hogy megfelelnek-e a saját glutén mentes elvárásainknak. Például sok szója termék tartalmaz búzát, ezért csak a búza mentes változatot használjuk. Minden esetben ellenőrizzük az összetevőket és olvassuk el a használati tájékoztatót.

Egyes receptek könnyebben nyelhetők, mint mások. A receptek a nyelés könnyűsége szerint vannak rangsorolva nullától négyig és a „Down Easy nyelési szintek" fejezetben részletesen elmagyarázom azokat. Ezek a szintek a férjem nyelési nehézségei alapján vannak rangsorolva. Kétségtelenül másoknak más nyelési problémáik lehetnek, ezért a nyelési szinteket inkább csak útmutatásnak szánjuk a megfelelő receptek kiválasztásához.

Végül jegyezzük meg, hogy nem kell mindenből bébi étel szerű, unalmas ízű pürét csinálni. Tartsuk edzésben a nyeléssel kapcsolatos szerveket. Ezek között izmok is vannak és az izmoknak dolgozniuk kell. Őszintén remélem, hogy Önök megtalálják ebben a könyvben a megfelelő, finom és könnyen nyelhető ételek receptjeit. Nekem nagy örömet okozott elkészítésük.

Látogassa meg honlapomat: judybestcookx.com A „Szakácssarok", ahol további recepteket, speciális konyhai eszközök leírásait valamint több szakácskönyvet találhatnak, melyeket szintén én írtam.

Köszönetnyilvánítások

Először is a férjemnek, George Lintonnak szeretnék köszönetet mondani. Legjobb tudása szerint kóstolta és véleményezte receptjeimet és folyamatosan támogatott munkámban.

Hálás vagyok húgomnak, Ildikó Bélaynak, aki nagy segítségemre volt a receptek kipróbálásában és más módon is hozzájárult a könyv elkészítéséhez.

A sógornőmnek, Barbara Kochernek, aki angol tanárnő volt, szintén szeretném megköszönni, hogy átolvasta ezeket az oldalakat és számos hasznos tanáccsal látott el a nyelvtan, a forma, stílus és szerkesztés terén. Néhány recept mellett buzdító szavakat is kaptam tőle.

Budapesti unokatestvérem, Szirányi Judith nem csak a magyar receptekkel segített, hanem egyedi látásmódjával és biztatásával akkor is tartotta bennem a lelket, amikor úgy éreztem, hogy ez a munka túl nagy falat számomra. Az ő ösztönzése és gyengéd noszogatása sokat segített, amikor el voltam keseredve.

Külön köszönet a szerkesztőmnek, Liz Scottnak, aki a stílusomat csiszolta és olyan precízen ellenőrzött minden egyes receptet.

Végül, köszönet barátnőmnek, Deborah Richardnak megingathatatlan barátságáért és zseniális meglátásaiért, amikkel segített a könyvet tökéletesíteni.

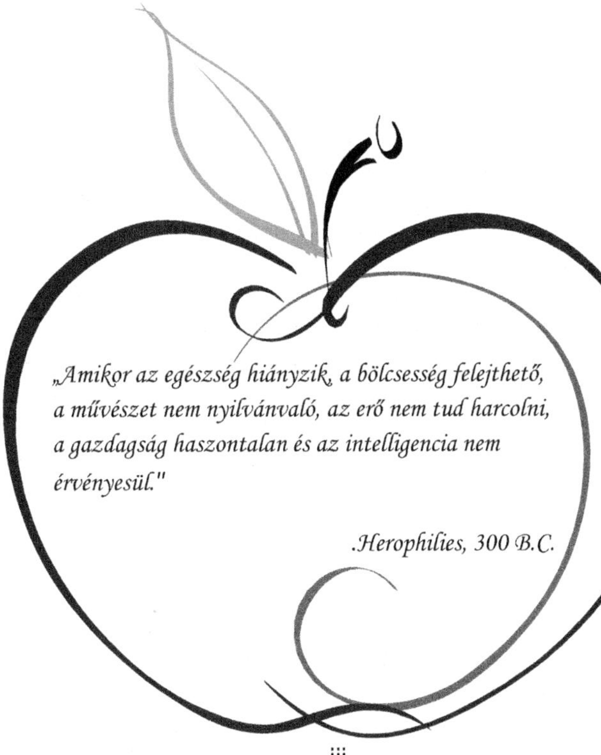

Szimbólumok

Repülőutazáshoz alkalmas

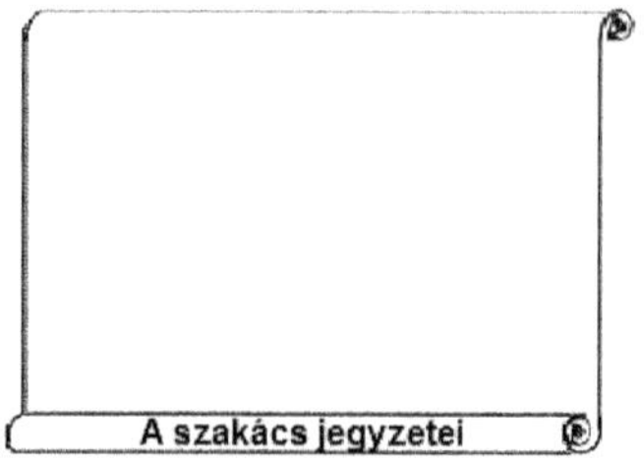

A szakács jegyzetei

Konyhai turmixgép

Kis turmixgép

Down Easy nyelési fázisok

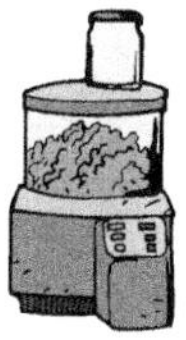

Konyhai robotgép

Glutén-mentes

Mini konyhai robotgép

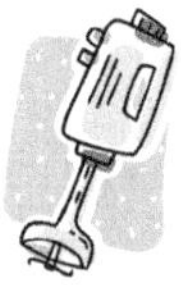

Botmixer

Kézi mixer

Ez a fejezet első repülőutunknak köszönhető. Sokat tanultunk és szeretnénk megosztani, amit felfedeztünk. Akinek nyelési problémái vannak, az jó eséllyel nem fog tudni enni a biztonsági kapu átlépése után. Tehát magunknak kell elkészíteni az útravalót. A legkomolyabb kihívás a biztonsági kapun való átjuttatás.

Az USA hatóságai azt mondták, hogy nem a szilárd étel okoz problémát, hanem a folyadékok, zselék, krémek. Mindenesetre vegyük számításba, hogy különböző országok különböző repülőterein különböző szabályok lehetnek érvényben. Itt van néhány megfontolandó tanács:

- Kérjünk orvosunktól igazolást betegségünkről és állapotunkról. Mindig tartsuk magunknál.
- Saját készítésű ételünk valószínűleg nem kelti fel a biztonságiak érdeklődését. Tegyük saját ételtartónkba. Ezeket javasoljuk:
  - Füstölt lazac – jó néhány óráig eltartható hűtés nélkül.
  - Tojássaláta – Órákig eltartható.
  - Zöldségek – főve vagy nyersen, különösen szendvicsparadicsom, uborka és cukkíni.
  - Almaszósz – ezt is tegyük bele az ételtartóba.
  - Friss gyümölcsök – alma, banán, darabolt dinnye, papaya, mangó, áfonya, szőlő.
  - Egyedi csomagolású protein adagok: kicsi a súlyuk, könnyű előkészíteni és különböző ízekben kapható.
- Ürítsünk ki egy nagy szájú műanyag palackot, aminek jól záró kupakja van. Amikor átértünk a biztonsági kapun, vegyünk palackozott vizet és keverjük bele a protein porba.
- Vegyük figyelembe a hőmérséklet hatását az élelmiszerre. Ne vigyünk magunkkal majonézes ételt hosszú útra és olyat se, ami megromlik vagy megfonnyadva elveszti az élvezeti értékét.
- További információkért látogasson a www.tsa.gov honlapra.

Néjány javasolt recept :

- Áfonyás muffinok – 18. oldal
- Töltött-csomagolt datolya – 5. oldal
- Tojás saláta – 117. oldal
- Zöld „kenyér” – 19. oldal
- Brownie – sütés nélkül – 52. oldal
- Vörös burgonya bazsalikomos öntettel – 162. oldal
- Növényi frittata muffinok – 22. oldal
- Cukkíni hasábok füstölt lazacban – 13. oldal

Ez a szimbólum található a repülőutazásra alkalmas receptek oldalán.

Down Easy nyelési szintek

Fázis 0

A szondatáplálás megszüntetése után, amikor még nincs nyál és a nyelés éppen kezdődik. Ilyenkor használjuk a gyümölcs centrifugát (több információ a Konyhagépek, hasznos szerszámok fejezetben) . Ehhez nem kell receptet követni, csak gyümölcsöket és zöldségeket kombinálni. Ezek a legjobbak:

- Alma, sárgarépa és zeller
- Cékla és sárgarépa
- Uborka és alma
- Narancs és alma
- Ananász és körte

Fázis 1

A nyáltermelés megkezdődött, de még nagyon nehéz a nyelés. Meleg gabonapelyhek, turmixok, krémlevesek nagyon enyhe ízekkel kiválóan alkalmazhatók. Itt van néhány bevált recept:

- Mandulás vaníliás panna cotta – 42. oldal
- Banán fagylalt – 45. oldal
- Kék sajtos leves – 170 . oldal
- Pézsmatök leves – 171. oldal
- Korianderes répa krémleves – 174. oldal
- Hideg avokádó krém leves – 176. oldal
- Hideg nyári áfonya leves – 177. oldal
- Lecsó rántottával vagy tofuval – 30. oldal
- Zab-korpás gabonapehely almaszósszal – 31. oldal
- Osztrigás brie sajt leves – 183. oldal
- Málna gyümölcskrém – 56. oldal
- Madártej - 50. oldal

Fázis 2

Valamivel több nyáltermelés és a sós és édes ízek közötti különbség érzékelése megkezdődik. Nagy belső nedvességtartalmú apró falatok lenyelése már lehetséges. Ebben a fázisban lágyabb ételek fogyasztását be lehet ütemezni, mint például:

- Kéksajtos felfújt – 148. oldal
- Zeller püré – 151. oldal
- Rákos crème brûlée – 138. oldal
- Tojás hagyma fészekben – 25. oldal
- Kahlúamisu – 51. oldal
- Stroganoff gomba – 79. oldal
- Burgonya főzelék – 186. oldal
- Sült borscs – 187. oldal
- Fehér bab püré – 163. oldal
- Cukkíni vagy pézsmatök főzelék – 190. oldal

Fázis 3

Már több nyál termelődik, de mennyisége napról napra változó. Az ízlelés javul, de még csak az enyhe fűszerek alkalmazhatók. Nagyobb falatok is rághatók. Javasolhatók bizonyos halfajták, mint például tengeri sügér, lazac és a harcsa, valamint a nagy kagyló, az osztriga és minden fajta főtt zöldség.

Fázis 4

Már legtöbbször van nyál, a legtöbb fűszer tolerálható és normális méretű falatokat lehet fogyasztani. Kevesebb belső nedvességgel rendelkező étel is szóba jöhet, mint babok, táplálóbb zöldségek és csirkecomb. Próbáljuk meg a következőket:

Az ízlésesen elkészített ételek a legtöbb ember számára étvágygerjesztők lehetnek, még azok számára is, akik nyelési problémákkal küzdenek. Mivel a túl nagy adagok ijesztőek lehetnek, új ötletek felhasználásával a régi kedvenceket apróbb adagokban készítettem el.

Pesztós túróval töltött paradicsom (4. oldal)

Tojás és füstölt lazac római salátalevélben (6. oldal)

Endíva levelek nyúlhal kaviárral (7. oldal)

Cukkíni hasábok füstölt lazacban (13. oldal)

Articsóka és vöröslencse pástétom

Ezt a receptet a Gourmet Cookery School látogatása során jegyeztem le az 1990-es évek elején

- 180 ml csirkehúsleves
- 115 g vörös lencse, leöblítve
- 1 (400 g) lecsurgatott, negyedelt konzerv articsókaszívek
- ½ kiskanál só
- 1 evőkanál olíva olaj
- 1 közepes póréhagyma (csak a fehér része), hosszában felezve, vékonyra szelve
- 1 nagy gerezd fokhagyma, darálva
- 1 kiskanál szárított bazsalikom
- 60 ml száraz vörösbor, csirkehúsleves vagy víz
- 115 g pekán dió darabok, finomra darabolva
- 2 evőkanál szójaszósz, tamari
- 2 evőkanál koriander, aprított

Elkészítés

1. Az első négy hozzávalót keverjük össze egy lábasban, forraljuk fel, csökkentsük a hőt, fedjük le, főzzük körülbelül 15 percig, majd hagyjuk kihűlni
2. Egy közepes méretű serpenyőben, melegítsünk olíva olajat és puhítsuk a póréhagymát és a fokhagymát, 5 - 8 percig. Adjuk hozzá a bazsalikomot és a frissen őrölt borsot.
3. Nagy lángon öntsük fel a borral (levessel vagy vízzel). Forraljuk, amíg a bor felszívódik
4. Tegyük a lencse, articsóka, póréhagyma és pekán dió keverékét egy fémkéses konyhai robotgépbe, adjuk hozzá a szójaszószt és mixeljük simára. Ha túl száraznak tűnik, adjunk hozzá egy kis vizet.
5. Adjuk hozzá az aprított koriandert és forgassuk meg a mixerrel, hogy jól elkeveredjen
6. Kaparjuk a keveréket egy tálba, fedjük le és hagyjuk kihűlni.
7. Tálaljuk héj nélküli francia kenyérrel és sós keksszel (akik meg tudják enni), vagy zöldséggel, mint szeletelt cukkínivel vagy szeletelt paprikával.

Adag: 8

Előkészületek: 30 perc
Sütés / főzés: 25 perc

Tápérték adatok

Egy adag: 60 g

A szakács jegyzetei

Érték adagonként	
Kalória	128
Zsír kalória (46%)	59
	% Napi adag
Összes zsír 7 g	11%
Telített zsír 7 g	4%
Koleszterin 0 mg	0%
Nátrium 306 mg	13%
Kálium 190 mg	5%
Összes szénhidrát 12 g	4%
Rost 3 g	12%
Cukor 8 g	
Protein 5 g	9%

Gombával töltött articsóka

Ezt egy francia szakácskönyvben találtam, ami már évek óta megvan. Az articsóka alsó része igen lédús. Gombával és kecskesajttal töltve kellemes előétel vagy köret lehet.

230 g portobelló gomba
1 evőkanál vaj
2 db finomr a vágott mogyoróhagyma
60 g lágy kecskesajt
2 evőkanál apróra vágott pekán dió
3 evőkanál reszelt ementáli sajt
1 doboz (400 g) lecsepegtetett articsóka alj

Elkészítés

1 Melegítsük elő a sütőt 200°C-ra. Vékonyan olajozzuk meg a tepsit, használjunk olajsprayt vagy alufóliát.
2 Töröljük tisztára a gombákat és tegyük az aprítókéssel felszerelt konyhai robotgépbe és aprítsuk finomra.
3 Egy közepes serpenyőben olvasszunk vajat közepes hőmérsékleten. Süssük puhára a mogyoróhagymát, körülbelül 3 percig.
4 Közepes hőmérsékleten adjuk hozzá a gombát és pirítsuk 5-8 percig. Fűszerezzük sóval és frissen őrölt borssal ízlés szerint, majd vegyük le a tűzről.
5 Egy kisebb tálban keverjük össze az aprított gombát a kecskesajttal. Adjuk hozzá a pekán diót és a sajt felét. Alaposan dolgozzuk össze.
6 Osszuk el a keveréket egyenletesen az articsóka aljak között, majd tegyük az előkészített tepsibe és szórjuk rá a maradék sajtot. Süssük 12-15 percig, amíg enyhén megbarnul.
7 Tálaljuk melegen előételként vagy köretként.

Adag: 6

Előkészületek: 30 perc
Sütés / főzés: 15 perc

Tápérték adatok

Egy adag: 1 articsóka

A szakács jegyzetei

Érték adagonként	
Kalória	177
Zsírkalória (34%)	60
	% Napi adag
Összes zsír 7 g	11
Telített zsír 3,5 g	18%
Koleszterin 13 mg	4%
Nátrium 61 mg	3%
Kálium 577 mg	16%
Összes szénhidrát 24 g	8%
Rost 6 g	2%
Cukor 1 g	
Protein 7,6 g	15%

Pesztós túróval töltött paradicsom

Ez egy csodás kombináció, amit paradicsomban szolgálunk fel. A hátsó borítón látható róla egy kép.

18 koktélparadicsom
60 g túró
1 evőkanál elkészített pesztó szósz
¼ kiskanál citromhéj
só és frissen őrölt bors, ízlés szerint

Elkészítés

1 Egy éles késsel vágjunk le egy kis darabot a paradicsomok aljáról, hogy megálljanak, majd vágjuk le a felső harmadukat, kanalazzuk ki a közepüket a magokkal és dobjuk ki.
2 Konyhai papírkendővel töröljük ki a paradicsomban maradt levet, majd tegyük félre.
3 Egy kisebb tálban keverjük össze a maradék hozzávalókat és ízlés szerint sózzuk, borsozzuk.
4 Töltsük meg az üres paradicsomokat a túrós keverékkel és tegyük egy tálcára. Egy kis petrezselyemmel díszítve szolgáljuk fel.

Adag: 6

Előkészületek: 10 perc

Tápérték adatok

Egy adag: 3 paradicsom

A szakács jegyzetei

Érték adagonként	
Kalória	110
Zsírkalória (12%)	13
	% Napi adag
Összes zsír 1,7 g	3%
Telített zsír 1	<1%
Koleszterin 1 mg	<1%
Nátrium 74 mg	3%
Kálium 1096 mg	31%
Összes szénhidrát 23 g	8%
Rost 5 g	21%
Cukor 1 g	
Protein 5 g	10%

Töltött-csomagolt datolya 2

Ezeket a falatkákat nagyon könnyű elkészíteni. A datolya és a sajt nagyon finom együtt. Legyünk óvatosak, mert ha túlsütjük, a sonka megkeményedik és nehéz lenyelni.

6 nagy kimagozott datolya
30 g hasábra vágott manchego vagy cheddar sajt
1 szelet (18 g) sonka, 12mm-es csíkokra vágva
½ kiskanál mustár
½ kiskanál juharszirup

Elkészítés

1. A sajt hasábokat töltsük a datolyákba.
2. Keverjük össze a mustárt és a juharszirupot egy tálban és vékonyan kenjük be vele a sonkacsíkokat.
3. Tekerjük be a töltött datolyákat a sonkacsíkokkal és tegyük a tepsibe úgy, hogy a sonka szabad vége alul legyen (vagy rögzítsük fogpiszkálóval), majd süssük 5-6 percig, amíg a sajt megolvad és a sonka átmelegszik.
4. Tegyük egy tálcára és melegen vagy szobahőmérsékleten szolgáljuk fel.

Adag: 2
Mennyiség: 6 töltött datolya

Előkészületek: 10 perc

Tápérték adatok

Egy adag: 3 datolya

A szakács jegyzetei

Érték adagonként	
Kalória	286
Zsírkalória (18%)	52
	% Napi adag
Összes zsír 6 g	9%
Telített zsír 3,3	17
Koleszterin 23,6 mg	8%
Nátrium 441 mg	18%
Kálium 584 mg	17%
Összes szénhidrát 55	18%
Rost 5 g	19%
Cukor 49 g	
Protein 8 g	17%

Tojás és füstölt lazac római salátalevélben

Ez egy kellemes és könnyű ebéd, egyik kedvencünk.

75 g tojás saláta (117. oldal)
3 nagy római saláta-levél
30 g füstölt lazac szeletek
4 - 6 koktélparadicsom, (vagy cseresznye vagy szőlő)

Elkészítés

1 Kanalazzuk az előkészített tojássalátát a salátalevelekbe, majd tegyük rá a harapásnyira vágott lazacszeleteket és helyezzük egy tálcára.
2 Adjuk hozzá a paradicsomokat, igény szerint egy serpenyőben enyhén felmelegítve.

Adag: 1

Előkészületek: 10 perc
Sütés / főzés: 15 perc

Tápérték adatok

Egy adag: 3 levél

A szakács jegyzetei

Érték adagonként	
Kalória	243
Zsírkalória (14%)	34
	% Napi adag
Összes zsír 4 g	6
Telített zsír 3 g	2%
Koleszterin 6,5 mg	2%
Nátrium 658 mg	27%
Kálium 2327 mg	66%
Összes szénhidrát 46 g	15%
Rost 12 g	47%
Cukor 1 g	
Protein 14 g	28%

Endívia levelek nyúlhal kaviárral

Újabb gyorsan és könnyen elkészíthető falatkák.

1 belga endívia
2 evőkanál tejföl
½ kiskanál reszelt citromhéj
1 doboz (67 g) fehér nyúlhal kaviár vagy lazac ikra
1 kiskanál apróra vágott friss kapor
húsos csemegepaprikával töltött olívabogyó

Elkészítés

1 Vágjuk le az endívia gyökér felőli végét és válasszuk szét a leveleket, majd helyezzük el egy tálcán.
2 Egy kis tálban keverjük össze a tejfölt a citromhéjjal.
3 Egy kiskanállal tegyük a tejföl-keveréket az endívia levelekre, tegyünk rá kaviárt vagy lazac ikrát. Díszítsük kaporral és tálaljuk húsos csemegepaprikával töltött olívabogyóval.

Adag: 2

Előkészületek: 10 perc

Tápérték adatok

Egy adag: 3 vagy 4 levél

A szakács jegyzetei

Érték adagonként	
Kalória	96
Zsírkalória (48%)	46
	% Napi adag
Összes zsír 5 g	8%
Telített zsír 3	14%
Koleszterin 40 m	13%
Nátrium 70 mg	3%
Kálium 854 mg	24%
Összes szénhidrát 10 g	3%
Rost 8 g	32%
Cukor, 7 g	
Protein 5 g	11%

Körözött

A körözöttet hagyományosan juhtúróból készítjük. Állítólag nemesi házaknál kaviárt is tettek rá!

100 g lágy, sótlan vaj
100 g lágy krémsajt
100 g lágy kecskesajt
1 kiskanál paprika (édes, magyar)
½ kiskanál sárga mustár
½ kiskanál köménymag
½ kis fej reszelt hagyma
½ kiskanál szardella paszta
vágott petrezselyem a díszítéshez

Elkészítés

1. Tegyük a hozzávalókat a konyhai robotgépbe és keverjük simára. Ha a robotgép falára tapad, kaparjuk vissza.
2. Kanalazzuk egy tálba, díszítsük petrezselyemmel és pirospaprikával.

Adag: 8

Előkészületek: 15 perc

Tápérték adatok

Egy adag: 3 vagy 4 evőkanál

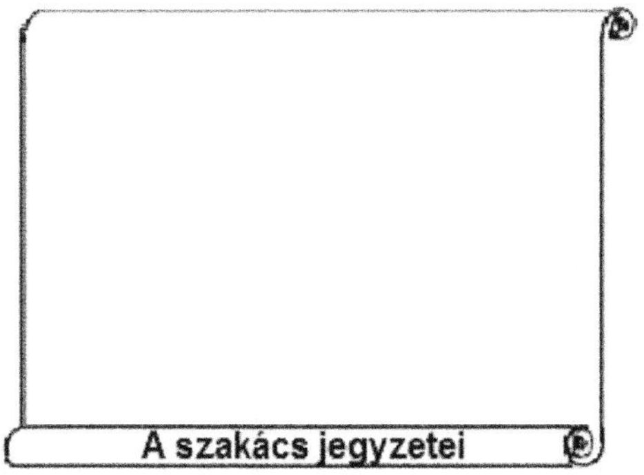

Érték adagonként	
Kalória	104
Zsírkalória (79%)	82
	% Napi adag
Összes zsír 9 g	14%
Telített zsír 6 g	29%
Koleszterin 26 mg	9%
Nátrium 111 mg	5%
Kálium 44 mg	1%
Összes szénhidrát 2 g	<1%
Rost, 3 g	1%
Cukor 1 g	
Protein 4	7%

Recept ötletek

A könnyebb nyelés érdekében, kenyér helyett kenjük ferdén vágott cukkíni szeletekre.

Gomba saláta-csészében

Ezt P.F. Chang és a Cheescake Factory étteremláncok ihlették. Mindketten príma saláta-csészéket csinálnak, ez pedig egy könnyen nyelhető verzió.

230 g fiatal portobelló gomba
4 db friss vékonyra vágott zöldhagyma (csak a fehér és világoszöld része, a sötétzöld részét tegyük el díszítéshez)
2 kiskanál zúzott fokhagyma
½ kiskanál gyömbér lé (reszelt friss gyömbérből)
1 evőkanál tamari szója szósz (ízlés szerint esetleg több)
1½ evőkanál hoisin szója szósz
2 evőkanál ízesített rizsecet
115 g konzerv gesztenye, lecsurgatva, darálva
2 evőkanál apróra vágott koriander
fejes saláta a tálaláshoz

Elkészítés

1 Tisztítsuk meg a gombákat és vágjuk apróra a konyhai robotgépben.
2 Melegítsünk fel egy közepes serpenyőt, tegyük bele a gombát, hagymát és fokhagymát, pirítsuk, amíg a gomba levet nem ereszt.
3 Egy kis tálban keverjük össze a többi hozzávalót a gesztenye és a koriander kivételével, öntsük a gombára, süssük még 5-10 percig, amíg majdnem teljesen felszívja a gomba.
4 Adjuk hozzá a gesztenyét és jól keverjük el. Vegyük le a tűzről és adjuk hozzá a koriandert
5 Tálaljuk melegen vagy szobahőmérsékleten a salátaleveleken.

Adag: 4

Előkészületek: 15 perc
Sütés / főzés: 10 perc

Tápérték adatok

Egy adag: 1 salátalevél a gombakeverék negyedével.

A szakács jegyzetei

Érték adagonként	
Kalória	59
Zsírkalória (5%)	3
	% Napi adag
Összes zsír, 4 g	<1%
Telített zsír, 1 g	<1%
Koleszterin, 2 mg	<1%
Nátrium 362 mg	15%
Kálium 783 mg	22%
Összes szénhidrát 15 g	5%
Rost 2 g	7%
Cukor 5 g	
Protein 5 g	9%

Sajtos-pesztós húsgombócok

A darált sertés- és marhahúshoz kevert túró lággyá teszi a húsgombócokat.

230 g darált sertéshús
230 g darált marhahús
½ reszelt kis hagyma
2 gerezd aprított fokhagyma
115 g túró
60 g kemény sós juhsajt
115 g főtt kuszkusz (natúr vagy gombás)
60 g pesztó szósz
1 nagy, enyhén felvert tojás
½ kiskanál só
¼ kiskanál frissen őrölt bors

Elkészítés

1 Melegítsük fel a sütőt 190 fokra.
2 Egy nagyobb keverőtálban kézzel keverjük össze a hozzávalókat, amíg szép egyenletes nem lesz.
3 Formázzunk dió nagyságú gombócokat (használhatunk kanalat).
4 Helyezzük el a gombócokat olaj spray-vel lefújt, alufóliával bélelt tepsibe és süssük 35-40 percig, amíg meg nem barnul.
5 Tálaljuk melegen vagy szobahőmérsékleten.

Adag: 6

Előkészületek: 30 perc
Sütés / főzés: 35 perc

Tápérték adatok

Egy adag: 3 gombóc

A szakács jegyzetei

Érték adagonként	
Kalória	322
Zsírkalória (62%)	201
	% Napi adag
Összes zsír 22 g	34%
Telített zsír 10 g	49%
Koleszterin 108 mg	36%
Nátrium 543 mg	23%
Kálium 295 mg	8%
Összes szénhidrát 6 g	2%
Rost, 5 g	2%
Cukor 1,5 g	
Protein 23 g	46%

Pikáns mártogatós

Ennek a látszólag egyszerű mártogatósnak nagyon jó íze van. Csak gőzöljük és hűtsük le a zöldségeket és kezdhetünk mártogatni.

60 ml majonéz
1 evőkanál Dijoni mustár
1 kiskanál Worcestershire szósz
1 kiskanál juhar szirup (vagy agavé nektár)

Elkészítés

1 Egy kis keverőtálban keverjük el jól a hozzávalókat.
2 Hűtsük le a tálaláshoz. Öntsük egy dekoratív mártogatós tálba és tálaljuk cukkínivel és hámozott fehér japánretek szeletekkel.

Adag: 4

Előkészületek: 5 perc

Tápérték adatok

Egy adag: kb. 1 evőkanál

A szakács jegyzetei

Érték adagonként	
Kalória	65
Zsírkalória (68%)	45
	% Napi adag
Összes zsír 5 g	8%
Telített zsír, 7 g	4%
Koleszterin 4 mg	1%
Nátrium 164 mg	7%
Kálium 20 mg	<1%
Összes szénhidrát 5 g	2%
Rost, 1 g	<1%
Cukor 2 g	
Protein, 3 g	<1%

Füstölt lazac pástétom

Nagyobb összejövetelekre nagyon jó, de könnyű megfelezni is. A Three Rivers szakácskönyvből van, ami nagyon régi kedvencem.

1 (454 g) doboz lecsöpögtetett, morzsolt füstölt lazac
230 g lágy krémsajt (vagy Neufchatel),
2 evőkanál reszelt hagyma
¼ kiskanál só
1 evőkanál frissen facsart citromlé
1 evőkanál folyékony füst
1 kiskanál reszelt torma
¼ kiskanál Tabasco szósz (ízlés szerint)
vágott petrezselyem a díszítéshez.

Elkészítés

1. A hagymát kivéve tegyük a hozzávalókat fémkéses konyhai robotgépbe és dolgozzuk simára. Ha szükséges kaparjuk vissza az edény oldaláról.
2. Adjuk hozzá a reszelt hagymát és keverjük bele.
3. Tegyük egy tálba, takarjuk le és hűtsük 30 percig tálalás előtt. Díszítsük vágott petrezselyemmel.

Adag: 18

Előkészületek: 10 perc

Tápérték adatok

Egy adag: 60 g

A szakács jegyzetei

Érték adagonként	
Kalória	80
Zsírkalória (65%)	52
	% Napi adag
Összes zsír 6 g	9%
Telített zsír 3 g	14%
Koleszterin 28 mg	9%
Nátrium 225 mg	9%
Kálium 103 mg	3%
Összes szénhidrát, 8	<1%
Rost, 1 g	<1%
Cukor, 5 g	
Protein 6 g	12%

Tanácsok

Még ízletesebb, ha a citromlébe belereszelünk egy kis citromhéjat is és úgy adjuk a keverékhez. Szobahőmérsékleten tálaljuk.

Cukkíni hasábok füstölt lazacban

Ez egy nagyszerű íz kombináció. A cukkínit természetes nedvessége hasábokra vágva könnyen nyelhetővé teszi.

85 g füstölt lazac (vagy sózott)
2 evőkanál Boursin sajt
½ kis cukkíni hasábokra vágva

Elkészítés

1 Vágjuk a füstölt lazacot 5 x 10 cm-es csíkokra. Kenjünk rá egy vékony réteg Boursin sajtot, tegyünk egyik végére néhány cukkíni hasábot és szorosan csavarjuk bele.
2 Tegyük a tekercseket szabad végükkel lefelé egy tálcára, takarjuk le műanyag fóliával és tegyük hűtőbe tálalásig.

Adag: 2

Előkészületek: 10 perc

Tápérték adatok

Egy adag: 2 - 3 hasáb

A szakács jegyzetei

Érték adagonként	
Kalória	114
Zsírkalória (63%)	72
	% Napi adag
Összes zsír 8 g	1
Telített zsír 5 g	25%
Koleszterin 27 mg	9%
Nátrium 953 mg	40%
Kálium 151 mg	4%
Összes szénhidrát 1,4 g	<1%
Rost, 3 g	1%
Cukor, 7 g	
Protein 9 g	18%

Töltött tojás

Ez a finomság a kaszinótojás egy változata. A füstölt paprika különleges ízt ad neki. Eredetileg Emeril Lagassetől származik.

- 8 nagy keményre főtt tojás, kettévágva, sárgája nélkül
- 60 ml majonéz
- 1 evőkanál extra-szűz olíva olaj
- 1 evőkanál vékonyra szeletelt zöldhagyma (fehér és világoszöld része)
- 2 evőkanál apróra vágott zöld vagy fekete olívabogyó
- 1 evőkanál apróra vágott pimientó paprika (spanyol paprika)
- 2 kiskanál apróra vágott petrezselyem
- 1 kiskanál lecsurgatott kapribogyó
- ½ kiskanál fehér borecet
- ¼ kiskanál só
- ¼ kiskanál füstölt paprika
- 2 evőkanál olíva olajos tonhal (ízlés szerint)

Elkészítés

1 Törjük össze a tojássárgáját a villa hátával egy keverőtálban, majd adjuk hozzá a többi hozzávalót és jól keverjük össze.

2 Töltsük a keveréket egy élelmiszertartó nejlonzacskóba, vágjuk le az egyik sarkát és a lyukon keresztül nyomjuk a tojásfehérje üregébe. Díszítésképpen szórjunk rá egy kis füstölt paprikát.

Adag: 8
Mennyiség: 16 fél tojás

Előkészületek: 30 perc

Tápérték adatok

Egy adag: 2 fél tojás

A szakács jegyzetei

Érték adagonként	
Kalória	125
Zsírkalória (69%)	87
	% Napi adag
Összes zsír 9,7 g	15%
Telített zsír 2,3 g	11%
Koleszterin 188 mg	63%
Nátrium 216 mg	9%
Kálium 73 mg	2%
Összes szénhidrát 2,8 g	<1%
Rost, 1 g	<1%
Cukor 1,1 g	
Protein 6,4 g	13%

Kaviár tojásban

Dekadens előétel különleges alkalmakra.

6 nagy keményre főtt tojás, kettévágva, sárgája nélkül
60 ml tejföl
3 evőkanál apróra vágott snidling és még egy kevés a díszítéshez
1 citrom leve
½ kiskanál mustár
ízlés szerint só és frissen őrölt bors
115 g fekete vagy piros kaviár

Elkészítés

1 Egy kis keverőtálban törjük szét a tojássárgáját, a kaviáron kívül keverjük bele a többi hozzávalót és dolgozzuk jól össze.
2 Töltsük a keveréket egy élelmiszertartó nylonzacskóba, vágjuk le az egyik sarkát és a lyukon keresztül nyomjuk a keveréket a tojásfehérje üregébe - vagy egyszerűen kanalazzuk bele.
3 Tegyünk rá kaviárt, szórjunk még rá apróra vágott snidlinget és egy tálcán szolgáljuk fel.

Adag: 6
Mennyiség: 12 fél tojás

Előkészületek: 15 perc

Tápérték adatok

Egy adag: 2 fél tojás

A szakács jegyzetei

Érték adagonként	
Kalória	158
Zsírkalória (66%)	104
	% Napi adag
Összes zsír 11,6 g	18%
Telített zsír 4,2 g	21%
Koleszterin 307 mg	102%
Nátrium 350 mg	15%
Kálium 124 mg	4%
Összes szénhidrát 2,4 g	<1%
Rost, 1 g	<1%
Cukor, 8 g	
Protein 11,3 g	23%

Cukkínis Boursin sajt tekercs

A cukkíni csíkok nagyon lágyak és hajlékonyak. Hűtsük le őket, mielőtt a sajtkeverékre tesszük.

3 kis cukkíni, hosszában vékonyra szeletelve
85 g Boursin sajt, szobahőmérsékleten
1 evőkanál lecsurgatott, darabolt olajos aszalt paradicsom, az olajat tegyük félre
1 kiskanál olíva olaj az aszalt paradicsomról
1 evőkanál apróra vágott friss bazsalikom
ízlés szerint só és frissen őrölt bors

Elkészítés

1. Melegítsük elő a sütőt.
2. Süssük át a cukkíni csíkokat a sütő tepsiben, amíg megbarnulnak és megpuhulnak, oldalanként 3-4 percig. Vegyük ki a tepsiből, hogy ne süljenek tovább.
3. Egy kisebb keverőtálban keverjük össze a Boursin sajtot, az aszalt paradicsom darabokat, olajat, bazsalikomot és ízlés szerint sót, frissen őrölt borsot.
4. Fektessük a cukkíni csíkokat egy vágódeszkára és egyenként kenjük rájuk a sajtos keveréket. Óvatosan csavarjuk fel őket és tegyük egy fóliával vagy sütőpapírral bélelt tepsibe.
5. Süssük a tekercseket nagyjából 1 percig, amíg kicsit megbarnul a tetejük.
6. Helyezzük őket egy tálcára és tálaljuk melegen vagy szobahőmérsékleten.

Adag: 4

Előkészületek: 10 perc
Sütés / főzés: 8 perc

Tápérték adatok

Egy adag: 4 tekercs

A szakács jegyzetei

Érték adagonként	
Kalória	112
Zsírkalória (80%)	90
	% Napi adag
Összes zsír 10,6 g	16%
Telített zsír 6,6 g	33%
Koleszterin 24,8 m	8%
Nátrium 166 mg	7%
Kálium 262 mg	7%
Összes szénhidrát 3,9 g	1%
Rost 1 g	4%
Cukor 2,5 g	
Protein 2,6 g	5%

Korlátozott nyáltermeléssel nagyon nehéz kenyeret enni, ezért megalkottam a zöld "kenyeret", kísérleteztem vele és összeállítottam néhány receptet. Alább látható a zöld "kenyeres" szendvicsem, tostada ami kukoricás "tortillából" készült. A tortilla ugyanolyan lágy, mint ami rajta van.

Az áfonyás muffin receptje meglepően könnyű. Azokon a napokon, amikor a nyáltermelés kedvezőbb, a férjem szívesen fogyasztotta őket vajjal és lekvárral. Néha még az áfonya ízét is érezte!

Tostada kazal (93. oldal)

Áfonya muffinok (18. oldal)

Zöld "kenyér" (19. oldal) érdekes megjelenésű szendvics

Áfonyás muffinok

Ezeket a muffinokat Pam Whitmire ihlette. Könnyűek, finomak és könnyű őket lenyelni.

1 nagy tojás
82 g datolyapálma cukor vagy barna cukor
60 ml pórsáfrány vagy repce olaj
¼ kiskanál vanília kivonat
¼ kiskanál mandula kivonat (opcionális)
50 g quinoa liszt
40 g mandulaliszt
¼ kiskanál só
¼ kiskanál szódabikarbóna
½ kiskanál sütőpor
120 ml tejföl vagy natúr joghurt
170 g friss áfonya (esetleg fagyasztott, lassan kiolvasztva)

Elkészítés

1 Melegítsük a sütőt 200 °C-ra.
2 Egy nagyobb keverőtálban verjük fel a tojást botmixerrel és fokozatosan adjuk hozzá a pálma cukrot. Közben lassan öntsük hozzá az olajat, adjuk hozzá a vanília kivonatot (és a mandulakivonatot, ha használjuk), majd tegyük félre.
3 Egy kisebb keverőtálban keverjük össze a lisztet, a mandulalisztet, sót, szódabikarbónát és sütőport.
4 A felvert tojáshoz adjuk hozzá a lisztes keveréket, majd a tejfölt (vagy joghurtot) és dolgozzuk jól össze.
5 Nagyon óvatosan keverjük bele az áfonyát majd kanalazzuk muffin csészékbe. Helyezzük egy kis sütő tepsibe, majd süssük 20 percig vagy amíg a beleszúrt kés tisztán jön ki. Sütőrácson hagyjuk lehűlni.

Adag: 8
Mennyiség: 8 muffin

Előkészületek: 15 perc
Sütés / főzés: 20 perc

Tápérték adatok

Egy adag: 1 muffin

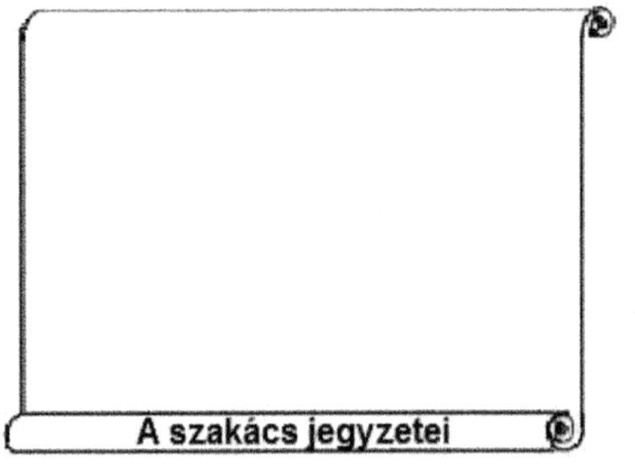

Érték adagonként	
Kalória	127
Zsírkalória (54%)	69
	% Napi adag
Összes zsír 7,8 g	12%
Telített zsír, 8 g	4%
Koleszterin 24,2 mg	8%
Nátrium 163 mg	7%
Kálium 55,1 mg	2%
Összes szénhidrát 13,3 g	4%
Rost, 5 g	2%
Cukor 11,5 g	
Protein 1,9 g	4%

Tanácsok

Használhatunk 8 db-os papír vagy szilikon muffin sütőformát.

Zöld „kenyér”

Ezt Suzanne Somers Fast & Easy című szakácskönyvéből kölcsönöztem. A szendvics már nem tartozik a "szó sem lehet róla" kategóriába a nyelési problémákkal küzdők számára, ha ezzel a "kenyérrel" készül. Könnyű és jól kezelhető, különösen, amíg meleg és hajlékony.

285 g fagyasztott, felaprított spenót, lassan felolvasztva, nedvesség kinyomkodva.
4 nagy tojás, felverve
¼ kiskanál fokhagymapor
só és fehér bors ízlés szerint

Elkészítés

1 Melegítsük elő a sütőt 200°C-ra.
2 Egy közepes méretű keverőtálban keverjük össze alaposan a spenótot, tojást és a fokhagyma port.
3 Ízesítsük sóval és fehérborssal.
4 Öntsük a keveréket egy 20 x 20 cm-es olajspray-vel befújt jénai tálba és süssük 15 percig. Hagyjuk kicsit hűlni, mielőtt 4 egyforma darabra vágjuk.

Adag: 4
Mennyiség: 4 Szelet

Előkészületek: 10 perc
Sütés / főzés: 15 perc

Tápérték adatok

Egy adag: 1 szelet

A szakács jegyzetei

Érték adagonként	
Kalória	88
Zsírkalória (51%)	45
	% Napi adag
Összes zsír 5 g	8%
Telített zsír 1,6 g	8%
Koleszterin 186 mg	62%
Nátrium 127 mg	%
Kálium 467 mg	13%
Összes szénhidrát 3,1 g	1%
Rost 1,6 g	6%
Cukor, 5 g	
Protein 8,3 g	17%

Sárgarépás-áfonyás "kenyér"

Kenhetjük rá kedvenc lekvárunkat, tehetünk rá szeletelt friss gyümölcsöt, mint banán, körte, őszibarack vagy kivi és élvezhetjük uzsonnaként vagy desszertként. A férjem meleg juhar sziruppal megpermetezve szereti.

460 g finomra reszelt bio sárgarépa
csipetnyi só
4 nagy tojás enyhén felverve (vagy 170 g tojásfehérje)
1 evőkanál méz vagy juhar szirup
60 g szárított áfonya (vagy mazsola)
¼ kiskanál vanília kivonat

Elkészítés

1. Melegítsük elő a sütőt 200°C-ra. Egy közepes serpenyőben forraljunk vizet.
2. Tegyük a répát és a sót a forró vízbe és forraljuk néhány percig, amíg a répa megpuhul. Öblítsük le hideg folyóvízzel, majd konyhai papírkendővel itassuk fel a felesleges nedvességet.
3. Egy közepes keverőtálban jól keverjük össze a tojást, a répát, a mézet és a szárított áfonyát (vagy mazsolát).
4. Öntsük a keveréket egy 20 x 20 cm-es olajspray-vel befújt jénai tálba és süssük 15 percig. Hagyjuk kicsit hűlni mielőtt 4 egyforma darabra vágjuk.

Adag: 4
Mennyiség: 4 Szelet

Előkészületek: 10 perc
Sütés / főzés: 15 perc

Tápérték adatok

Egy adag: 1 szelet

A szakács jegyzetei

Érték adagonként	
Kalória	281
Zsírkalória (2%)	6
	% Napi adag
Összes zsír, 7 g	1%
Telített zsír, 02 g	<1%
Koleszterin 0 mg	0%
Nátrium 735 mg	31%
Kálium 707 mg	20
Összes szénhidrát 44,8 g	15%
Rost 4 g	16%
Cukor 11,2 g	
Protein 24,5 g	49%

Tanácsok

Ha hámozott bio répát használunk, könnyebb dolgunk lesz. Használjuk az apróbb lyukú tárcsát a konyhai robotgépen vagy a kisebb lyukú reszelőt, ha kézzel reszeljük.

Kukorica "tortilla"

Ez a tortilla változatom nagyon puha.

1 (425 g) doboz lecsurgatott kukorica
3 nagy tojás
¼ kiskanál fokhagyma por
¼ kiskanál őrölt kömény
¼ kiskanál só
60 g szeletelt zöldhagyma

Elkészítés

1 Melegítsük elő a sütőt 200°C-ra. Olaj spray-vel fújjunk be 4 kis tortasütő formát és tegyük félre.
2 A zöldhagymát kivéve tegyük a hozzávalókat egy turmixgépbe és turmixoljuk nagy fordulaton 1 percig, amíg sima lesz.
3 Osszuk el egyenletesen a 4 tortasütő formába, szórjuk rá a zöldhagymát és süssük 10 percig. Hagyjuk hűlni mielőtt fogyasztjuk.

Adag: 4

Előkészületek: 10 perc
Sütés / főzés: 10 perc

Tápérték adatok

Egy adag: 1 tortilla

A szakács jegyzetei

Érték adagonként	
Kalória	90
Zsírkalória (40%)	35,7
	% Napi adag
Összes zsír 4 g	6%
Telített zsír 1,3 g	6%
Koleszterin 140 mg	47%
Nátrium 322 mg	13%
Kálium 129	4%
Összes szénhidrát 8,6 g	3%
Rost 1 g	4%
Cukor 1,5 g	
Protein 6 g	12%

Növényi frittata* muffinok

Ezek kiválóak repülőutazáshoz. Csak tegyük őket egy zacskóba és fogyasszuk szoba-hőmérsékleten.

7 nagy tojás, enyhén felverve
120 ml tej vagy édesítő nélküli mandulatej.
1 evőkanál sótlan vaj
230 g kockára vágott cukkíni
230 g kockára vágott piros csemegepaprika
230 g apróra vágott gomba
115 g szeletelt zöldhagyma
60 g apróra vágott friss tárkony vagy petrezselyem
1 kiskanál só
½ kiskanál frissen őrölt bors

Elkészítés

1 Melegítsük elő a sütőt 175°C-ra. Fújjunk be egy nagy muffin sütő formát olajspray-vel és tegyük félre.
2 Egy nagy keverőtálban keverjük el és verjük fel a tojást és a tejet (vagy édesítő nélküli mandulatejet) és tegyük félre.
3 Egy közepes serpenyőben olvasszunk vajat közepes hőmérsékleten. Tegyük hozzá a cukkínit, a csemegepaprikát, a gombát és a zöldhagymát és pirítsuk, amíg megpuhulnak, 5-6 percig. Vegyük le a tűzről és tegyük bele a tárkonyt (vagy petrezselymet), sót és borsot. Keverjük össze a felvert tojással.
4 Töltsük meg a muffin formákat $^3/_4$-ig a keverékkel, majd süssük 25 - 30 percig, amíg megsül és megbarnul a teteje. Tálaljuk melegen vagy szobahőmérsékleten.

Adag: 8
Mennyiség: 8 muffin

Előkészületek: 30 perc
Sütés / főzés: 20 perc

Tápérték adatok

Egy adag: 1 muffin

A szakács jegyzetei

Érték adagonként	
Kalória	95
Zsírkalória (57%)	54
	% Napi adag
Összes zsír 6,1 g	9%
Telített zsír 2,5 g	13
Koleszterin 168 mg	56%
Nátrium 377 mg	16%
Kálium 214 mg	6%
Összes szénhidrát 3, g	1%
Rost, 8 g	3%
Cukor 2,2 g	
Protein 6,9 g	14%

* frittata: olasz, sütőben sütött omlett

Ez a nap legkönnyebb étkezése. Őszintén szólva, a férjem boldog lett volna buggyantott tojással minden reggel. Nagyon szereti. De a változatosság kedvéért különböző variációkat csináltam, hogy az ízlelőbimbói megedződjenek. Időnként a buggyantott tojást tócsnival, pirított hagymával, füstölt lazaccal vagy sonkaszeletekkel kombináltam. A buggyantott tojást megpakoltam még avokádóval, paradicsommal és zöld kenyérrel. A paradicsomba töltött tojásrántotta is érdekes variáció volt. Zabkásával és almaszósszal a tetején szintén a kedvencek közé tartozott.

Zöld "kenyér" halom buggyantott tojással (28. oldal)

Tojás hagymafészekben (25. oldal)

Quinoa kása almaszósszal (34. oldal)

Tojásrántotta paradicsom csészében (35.oldal)

Sajtos spenót frittata*

Ez az ízek kiváló kombinációja. Az aszalt paradicsom és a friss bazsalikom kellemes zamatot kölcsönöz neki.

4 nagy tojás, felverve
115 g reszelt Parmigiano-Reggiano sajt
2 pácolt aszalt paradicsom, lecsurgatva, darabokra vágva
4 friss bazsalikomlevelek, apróra vágva vagy tépve
2 evőkanál olíva olaj
60 g apróra vágott édes hagyma (vagy zöldhagyma)
285 g zsenge spenót (megmosva)
só és frissen őrölt bors, ízlés szerint

Elkészítés

1 Melegítsük elő a sütőt 230°C-ra.
2 Egy közepes keverőtálban keverjük össze a tojást, a sajtot, az aszalt paradicsomot, adjuk hozzá a bazsalikomot, sót és borsot ízlés szerint. Tegyük félre.
3 Egy 20 cm-es hőálló tapadásmentes serpenyőben melegítsünk olajat közepes hőmérsékletre. Tegyük bele a hagymát és pirítsuk, míg megpuhul, kb. 5 percig.
4 Adjuk hozzá a spenótot és keverjük, amíg meg nem fonnyad, kb. 2 percig.
5 Forrósítsuk fel a serpenyőt és öntsük bele a tojásos keveréket. Keverjük az egészet össze és süssük puhára, kb. 2 percig. Ezután tegyük a serpenyőt a sütőbe és süssük 10-12 percig, amíg megemelkedik és megbarnul a teteje.
6 Vegyük ki a sütőből és hagyjuk hűlni pár percig. Ezután csúsztassuk a frittatát egy vágódeszkára és vágjuk ék alakokra.
7 Tálaljuk forrón vagy szobahőmérsékleten.

Adag: 4

Előkészületek: 15 perc
Sütés / főzés: 12 perc

Tápérték adatok

Egy adag: ¼ frittata

A szakács jegyzetei

Érték adagonként	
Kalória	208
Zsírkalória (6)	137
	% Napi adag
Összes zsír 15,4 g	24%
Telített zsír 4,7 g	24%
Koleszterin 197 mg	66%
Nátrium 340 mg	14%
Kálium 531 mg	15%
Összes szénhidrát 5 g	2%
Rost 1,9 g	7%
Cukor 1,4 g	
Protein 13,4 g	27%

* frittata: olasz, sütőben sütött omlett

Tojás hagyma fészekben

A legjobb íze az édes hagymának van, mint a Vidalia vagy a Maui, de a sárga vagy vöröshagyma is jó. Az a titka, hogy lassan kell sütni, amíg megpuhul és karamellizálódik.

1 evőkanál sótlan vaj
1 evőkanál olíva olaj
1 nagy vöröshagyma, vékonyra szeletelve
2 kiskanál apróra vágott kakukkfű levelek
4 tojás

Elkészítés

1 Egy közepes tapadásmentes serpenyőben melegítsünk vajat és olíva olajat. Tegyük bele és pirítsuk a hagymát lassú tűzön, amíg megpuhul és megbarnul, kb. 20 percig.
2 Szórjunk rá sót és borsot ízlés szerint, adjuk hozzá a kakukkfüvet és pirítsuk még pár percig.
3 Készítsünk 4 fészket a pirított hagymából és üssünk minden fészekbe egy-egy tojást, takarjuk le és lassú tűzön süssük a kívánt keménységre.
4 Óvatosan helyezzük el a fészkeket egy tálcán, hintsünk rá paprikát és tálaljuk.

Adag: 2

Előkészületek: 10 perc
Sütés / főzés: 30 perc

Tápérték adatok

Egy adag: 2 fészek

A szakács jegyzetei

Érték adagonként	
Kalória	257
Zsírkalória (7 %	197
	% Napi adag
Összes zsír 22,1 g	34%
Telített zsír 7,7 g	39%
Koleszterin 387 mg	129%
Nátrium 144 mg	6%
Kálium 151 g	4%
Összes szénhidrát 1,6 g	<1%
Rost, 5 g	2%
Cukor, 4 g	
Protein 12,6 g	26%

Tanácsok

Használhatunk bármilyen fűszernövényt, mint tárkony, kapor, koriander vagy petrezselyem és tálaljuk néhány szelet feltekert sonkával.

Friss füge szirupban

Köszönet Clara Robinsonnak ezért a finom ötletért. Tehetjük zabpehelyre, ricotta sajtra, túróra, joghurtba vagy akár fagylalthoz.

6 friss füge
2 evőkanál vaj
2 evőkanál agavé szirup
csipetnyi fahéj
csipetnyi só

Elkészítés

1 Melegítsük elő a sütőt 200 °C-ra
2 Mossuk meg a fügéket, vágjuk le a szárukat, vágjuk ketté és tegyük egy lapos jénai tálba.
3 Egy kisebb serpenyőben lassú tűzön dolgozzuk össze a vajat, agavé szirupot és a fahéjat. Amikor a vaj már megolvadt, jól keverjük össze és permetezzük a fügékre.
4 Süssük 10 percig, amíg a fügék megpuhulnak. Tálalás előtt kicsit hagyjuk hűlni.

Adag: 4

Előkészületek: 10 perc
Sütés / főzés: 10 perc

Tápérték adatok

Egy adag: 3 fél füge

Érték adagonként	
Kalória	148
Zsírkalória (39%)	57
	% Napi adag
Összes zsír 6,5 g	10%
Telített zsír 4 g	20%
Koleszterin 17,1 mg	6%
Nátrium 95,9 mg	4%
Kálium 296 mg	8%
Összes szénhidrát 22,3 g	7%
Rost 2,8 g	11%
Cukor 19,5 g	
Protein 2,4 g	5%

A szakács jegyzetei

Tanácsok

Agavé helyett használhatunk juhar szirupot vagy mézet.

Meleg szendvics zöld „kenyéren”

Ez egy puha és ragacsos szendvics. Legszívesebben Applegate Organics ovális sonkát használok hozzá.

1 szelet zöld „kenyér”(19. oldal)
1½ evőkanál tojássaláta (117. oldal)
1 vékony szelet (18 g) sonka (bőre eltávolítva)
1 szelet muenster sajt

Elkészítés

1 Melegítsük elő a grillsütőt.
2 Kanalazzuk a tojás salátát a zöld „kenyérre”, tegyük rá a sonkát és a muenster sajtot.
3 Süssük pár percig, amíg a sajt megolvad és tálaljuk.

Adag: 1

Előkészületek: 5 perc
Sütés / főzés: 10 perc

Tápérték adatok (zöld „kenyér” és tojássaláta nélkül)

1 meleg szendvics

Érték adagonként	
Kalória	**248**
Zsírkalória (43)	**106**
	% Napi adag
Összes zsír 11,9 g	**18%**
Telített zsír 6,2 g	**31%**
Koleszterin 87,6 mg	**29%**
Nátrium 1.607 mg	**67%**
Kálium 914 mg	**26%**
Összes szénhidrát 1,3 g	**<1%**
Rost 0 g	**0%**
Cukor, 3 g	
Protein 32 g	**64%**

A szakács jegyzetei

Zöld „kenyér" halom buggyantott tojással

Erről a hátsó borítón található illusztráció. A zöld „kenyér" az angol muffin helyébe lép, ami rajta van, azt pedig nevezhetjük kaszinótojásnak is.

2 szelet zöld „kenyér" (19. oldal)
2 szelet paradicsom, grillezve pár percig, hogy meleg legyen
2 szelet avokádó, lehetőleg Hass
3 evőkanál rák saláta (139. oldal),
2 nagy buggyantott tojás, (lásd a Tanácsokat a recept végén)

Elkészítés

1 Melegítsük elő a sütőt 135°C-ra.
2 Egy 9 cm-es pogácsaszaggatóval vagy pohárral vágjunk korongokat a zöld „kenyérből". A levágott darabokat dobjuk el és korongokra tegyük rá a meleg paradicsom szeleteket.
3 Vágjuk el az avokádót keresztbe, csavarjuk meg és vegyük ketté, dobjuk ki a magját. Óvatosan hámozzuk meg mind a két felét és vágjuk ½ cm-es szeletekre és helyezzük a paradicsom szeletekre.(Az avokádó közepe, a mag helye kerüljön középre.)
4 Kanalazzuk a ráksalátát az avokádón levő lyukba. Szedőlapáttal tegyük őket két tányér közepére. Tartsuk őket melegen a sütőben, amíg buggyantjuk a tojást.

Összeállítás:

5 Vegyük ki a sütőből a zöld „kenyér" halmokat és óvatosan helyezzük rájuk a buggyantott tojásokat.
6 A tojásokra hintsünk egy kis paprikát és tálaljuk.

Adag: 2

Előkészületek: 10 perc

Sütés / főzés: 5 perc

Tápérték adatok

Egy adag: 1 halom

A szakács jegyzetei

Érték adagonként	
Kalória	529
Zsírkalória53 (%)	279
	% Napi adag
Összes zsír 33 g	51%
Telített zsír 5,6 g	28%
Koleszterin 357 mg	119%
Nátrium 868 mg	36%
Kálium 1.725 mg	49%
Összes szénhidrát 20,6 g	7%
Rost 13,4 g	54%
Cukor 4,3 g	
Protein 42,5 g	85%

Tanácsok

Egy alacsony lábasba töltsünk 8 cm-nyi vizet. Tegyünk bele egy nagykanál ecetet és egy kávéskanál sót, takarjuk le és forraljuk fel. Vegyük le a fedőt és állítsuk lassú tűzre, éppenhogy gyöngyözzön. Törjük a tojásokat egy kis tálba, majd egyenként óvatosan ejtsük a vízbe. Hagyjuk 4-5 percig, majd egy lyukas kanállal tegyük őket egy konyhai papírkendőre, hogy felszívja a felesleges vizet.

Grillezett Zöld "kenyér" szendvics

Ez a szendvics nagyon jól néz ki, igen dekoratív!

2 szelet zöld „kenyér” (19. oldal)
2 szelet muenster sajt, vagy a kedvenc sajtunk
1 (½ cm vastag) paradicsomszelet, lehetőleg sárga paradicsom

Elkészítés

1 Tegyük az egyik szelet sajtot az egyik zöld „kenyérszeletre, helyezzük rá a paradicsomot, erre a másik sajtot, arra meg a másik szelet zöld „kenyeret”. Fújjuk be mindkét oldalát olíva olajjal.
2 Melegítsünk egy kis tapadásmentes serpenyőt közepes hőmérsékletre és finoman pirítsuk meg mindkét oldalát. Vigyázzunk, hogy ne kérgesedjen meg. Amikor átfordítottuk a másik oldalára, tegyünk rá egy fedőt és lassú tűzön melegítsük, amíg a sajt meg nem olvad, kb. 2 percig.
3 Vegyük ki a serpenyőből, vágjuk el átlósan és tálaljuk.

Adag: 1

Előkészületek: 5 perc
Sütés / főzés: 10 perc

Tápérték adatok ("kenyér" nélkül)

A szakács jegyzetei

Érték adagonként	
Kalória	107
Zsírkalória (69%)	74
	% Napi adag
Összes zsír 8,5 g	13%
Telített zsír 5,4 g	27%
Koleszterin 26,9 mg	9%
Nátrium 177,6 mg	7%
Kálium 81,9 mg	2%
Összes szénhidrát 1,2 g	<1%
Rost, 2 g	<1%
Cukor, 3 g	
Protein 6,7 g	13%

Lecsó rántottával vagy tofuval

Ezt a népszerű magyar ételt kínálhatjuk reggelire, enyhén felvert tojással vagy tofuval keverve. De fogyaszthatjuk köretnek is vagy pirítóson. Én konzerv sült paprikát használok lágy állaga miatt, de akármilyen paprika jó. A legfontosabb, hogy a paprika édes legyen és lehetőség szerint magyar.

1 evőkanál olíva olaj vagy vaj
1 kis (60 g) apróra vágott hagyma
½ kiskanál só
75 g szeletelt, sült paprika
1 közepes paradicsom, feldarabolva
230 g közepes morzsolt tofu vagy 4 tojás enyhén felverve
frissen őrölt fekete bors ízlés szerint
1 evőkanál paprika (édes, magyar)

Elkészítés

1 Egy közepes serpenyőben melegítsük a vajat vagy olíva olajat közepes lángon. Tegyük bele a hagymát, sózzuk meg és pirítsuk, amíg áttetsző nem lesz. Adjuk hozzá a paprika szeleteket és süssük még pár percig, közben keverjük jól össze.
2 Vegyük le a serpenyőt a tűzről és keverjük bele az evőkanál paprikát. (lásd a tanácsokat)
3 Tegyük vissza serpenyőt és tegyük bele a paradicsomot. Lassú tűzön süssük, amíg megpuhul, kb. 10 percig.
4 Adjuk hozzá a tofut vagy a tojást és finoman kevergetve süssük még 5 percig.

Adag: 2

Előkészületek: 15 perc
Sütés / főzés: 15 perc

Tápérték adatok

Egy adag: 230 g

A szakács jegyzetei

Érték adagonként	
Kalória	187
Zsírkalória (55%)	104
	% Napi adag
Összes zsír 12 g	19
Telített zsír 1,7 g	9%
Koleszterin 0 mg	0%
Nátrium 600 mg	25%
Kálium 548 mg	16
Összes szénhidrát 13,7 g	5%
Rost 3,8 g	15%
Cukor 5,9 g	
Protein 10,1 g	20%

Tanácsok

A paprikát mindig tűzről levéve keverjük bele, mert könnyen megég és keserű lesz.

Zab-korpás gabonapehely almaszósszal

A zab-korpa nagyon torokkímélő, különösen almaszósszal. Ha nem magam csinálom, akkor a 115 grammos porciókat szeretem, természetesen biot. Több ízben kapható, fahéjas, gyümölcsös, stb.

- 1 nagy alma (Braeburn, Pink Lady vagy más), hámozva, magház kivágva, kockára vágva
- 120 ml szilvalé
- ¼ kiskanál fahéj
- 180 ml mandulatej (bio, édesítés nélkül)
- 1 evőkanál mandula vaj
- 60 g zab-korpás gabonapehely
- 5 csepp sztívia, fahéj ízű (ízlés szerint)
- ½ evőkanál méz (vagy agavé szirup)

Elkészítés

1. Egy kis serpenyőben keverjük össze az almát és a szilvalevet és kis tűzön forraljuk, amíg az alma megpuhul, kb. 5 percig. Keverjük bele a fahéjat és tegyük félre hűlni.
2. Tegyük az almát egy mixerbe még 2 evőkanál szilvalével és turmixoljuk simára. Tegyük félre.
3. Keverjük össze a mandula tejet a maradék szilvalével, adjuk hozzá a mandula vajat és a sztíviát, ha használjuk, majd mézet (vagy agavét). Közepes tűzön és lassan forraljuk fel időnként megkeverve, amíg a mandulavaj elolvad.
4. Folyamatosan keverve adagoljuk hozzá a zab-korpát és keverjük simára. Kevergetve forraljuk még 5 percig, amíg a zabkorpa felszívja a nedvességet.
5. Töltsük egy mélytányérba és tegyünk rá almaszószt.

Adag: 1

Előkészületek: 15 perc
Sütés / főzés: 30 perc

Tápérték adatok

A szakács jegyzetei

Érték adagonként	
Kalória	408
Zsírkalória (27%)	111
	% Napi adag
Összes zsír 12,8 g	20%
Telített zsír, 9 g	5%
Koleszterin 0 mg	0%
Nátrium 176 mg	7%
Kálium 886 mg	25%
Összes szénhidrát 70,3 g	23%
Rost 8,9 g	3 %
Cukor 45,5 g	
Protein 7,4 g	15%

Zab-korpa és lenmag, almaszósszal

Ez egy másik változata a zab-korpás gabonapehely elkészítésének készen vett erdei gyümölcs ízesítésű bio almaszósszal.

240 ml kókusztej
2 evőkanál őrölt lenmag erdei gyümölcskeverék ízesítéssel (Spectrum)
Hajdina őrlemény
60 g zab-korpás gabonapehely
1 (120ml) adag bio almaszósz (erdei gyümölcs ízesítésű)
csipet fahéj díszítéshez

Elkészítés

1 Egy kis serpenyőben keverjük össze a kókusztejet, a lenmag keveréket és a hajdina őrleményt. Lassú tűzön főzzük 5-8 percig, amíg sima és krémszerű lesz.
2 Öntsük egy mélytányérba, tegyük rá az almaszószt és hintsünk rá egy csipet fahéjat és tálaljuk.

Adag: 1

Sütés / főzés: 8 perc

Tápérték adatok

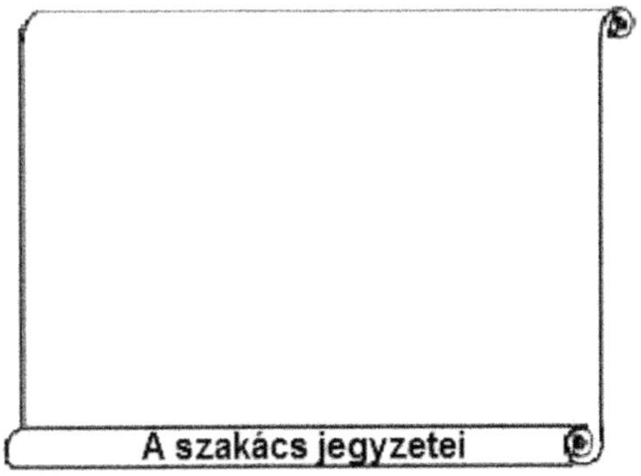

Érték adagonként	
Kalória	340
Zsírkalória (38%)	129
	% Napi adag
Összes zsír 14,9 g	23%
Telített zsír, 3 g	2%
Koleszterin 0 mg	0%
Nátrium 186 mg	8%
Kálium 504 mg	14%
Összes szénhidrát 55,1 g	18%
Rost 13,3 g	53%
Cukor 25,3 g	
Protein 10,5 g	21%

Benedict tojás tócsnin

A tócsni kellemes alapot kínál a Benedict tojásnak.

- 1 kiskanál olíva olaj
- 115 g fagyasztott nyers tócsni
- 2 szelet sonka (18 g szeletenként 9 cm-es korongra vágva)
- 2 nagy buggyantott tojás (28. oldal)
- 4 evőkanál bolti hollandi mártás, felmelegítve
- paprika díszítéshez

Elkészítés

1 Egy kis tapadásmentes serpenyőben, süssük meg a tócsnit, amíg enyhén megbarnul.

Összeállítás

2 Helyezzük a tócsnikat a mélytányér közepébe, tegyük rájuk a sonkakorongokat, hogy részben fedjék egymást, erre pedig a buggyantott tojásokat, majd öntsük le a hollandi mártással. Hintsük meg paprikával és tálaljuk.

Adag: 1

Előkészületek: 15 perc

Tápérték adatok

A szakács jegyzetei

Érték adagonként	
Kalória	386
Zsírkalória (48)	185
	% Napi adag
Összes zsír 21,2 g	33%
Telített zsír 7,3 g	37%
Koleszterin 409 mg	136%
Nátrium 1.324 mg	55%
Kálium 833 mg	24%
Összes szénhidrát 23,4 g	8%
Rost 1,6 g	6%
Cukor, 4 g	
Protein 26,5 g	53%

Quinoa kása almaszósszal

Pompás reggeli. Ínycsiklandó szirupos friss fügével (26. oldal)

240 ml mandula tej (bio, édesítő nélkül)
2 evőkanál Linwood kakaó ízesítésű lenmag
60 g quinoa pehely
¼ kiskanál vanília kivonat
1 (115 g) adag bio alma szósz (fahéj vagy erdei gyümölcs ízesítéssel)
fahéj díszítésnek

Elkészítés

1. Egy kis serpenyőben forraljuk a mandula tejet közepes tűzön, fokozatosan adjuk hozzá a kakaó ízesítésű lenmagot és a quinoa pelyhet és keverjük, amíg sűrű és krémszerű lesz, kb. 5 percig.
2. Vegyük le a tűzről és keverjük bele a vaníliát.
3. Öntsük mélytányérba, kanalazzuk rá az almaszószt és hintsünk rá egy kis fahéjat.

Adag: 1

Tápérték adatok

A szakács jegyzetei

Érték adagonként	
Kalória	515
Zsírkalória (48%)	246
	% Napi adag
Összes zsír 27,2 g	42%
Telített zsír 3 g	15%
Koleszterin 0 mg	0%
Nátrium 205 mg	9%
Kálium 371 mg	11%
Összes szénhidrát 55,3 g	18%
Rost 20,3 g	81%
Cukor 25,4 g	
Protein 13,5 g	27%

Tojásrántotta paradicsom csészékben

Vigyázzunk, ne süssük túl a paradicsomot, mert könnyen vizenyős és pépes lehet.

85 g füstölt lazac (vagy sózott)
3 tojás
loccsantásnyi víz
1 evőkanál sűrű habtejszín
só vagy fehér bors ízlés szerint.

2 nagy sárga paradicsom
2 vékonyra szeletelt zöldhagyma, (a fehér és a világoszöld része)
1 evőkanál vaj vagy olíva olaj
1 evőkanál snidling

Elkészítés

1 Melegítsük elő a sütőt 190°C-ra és béleljünk ki egy kis serpenyőt fóliával, majd fújjuk be a fóliát olajspray-vel.
2 Vágjuk a lazacot kis darabokra.
3 Egy kis keverőtálban verjük fel a tojást a vízzel és a habtejszínnel. Ízesítsük sóval és fehér borssal
4 Vágjuk le a paradicsomok felső harmadát és dobjuk el. Egy éles késsel (vagy egy grapefruit-kanállal) vágjuk körbe belül a paradicsomot, vigyázzunk, hogy ne szúrjuk ki az oldalát, majd egy kis kanállal vegyük ki a belsejét a magokkal. Vágjuk apróra a paradicsom belsejét, tegyük egy szűrőbe, hogy a felesleges nedvesség lecsurogjon belőle és tegyük félre. Egy konyhai papírkendővel itassuk fel a paradicsomok belsejéből is a felesleges nedvességet. Tegyük őket az előkészített serpenyőbe és süssük 4-5 percig, amíg megpuhulnak.
5 Egy kis tapadásmentes serpenyőben közepes tűzön olvasszunk vajat vagy melegítsünk olíva olajat és süssük a zöldhagymát 3-4 percig, amíg megpuhul. Öntsük rá a tojást és kevergessük 1 percig. Adjuk hozzá a füstölt lazacot, a félretett paradicsom belsejét és a felvágott snidling nagy részét, hagyjunk egy kicsit a díszítéshez. Folyamatosan keverve süssük, amíg a tojás a kívánt keménységű lesz.
6 Tegyük a paradicsomokat egy-egy mélytányérba (papírtörülközővel itassuk fel a felesleges nedvességet). Kanalazzuk a paradicsom-csészékbe a rántottát, hintsük rá a maradék snidlinget díszítésül és tálaljuk.

Adag: 2

Előkészületek: 10 perc
Sütés / főzés: 10 perc

Tápérték adatok

Egy adag: 1 paradicsom csésze

A szakács jegyzetei

Érték adagonként	
Kalória	169
Zsírkalória (33%)	55
	% Napi adag
Összes zsír 6,4 g	10%
Telített zsír 1,1 g	5%
Koleszterin 9,8 mg	3%
Nátrium 1.376 mg	57%
Kálium 660 mg	9%
Összes szénhidrát 16,6 g	6%
Rost 3,4 g	14%
Cukor 3,5 g	
Protein 13,9 g	28%

Sajtos rakott paradicsom

Próbáljunk különböző sajtokat használni. Például kéksajt morzsákat, vagy reszelt Parmezánt, füstölt goudát vagy cheddart. Még lehet kombinálni friss fűszerekkel, mint tárkony, majoránna, petrezselyem, kapor vagy bazsalikom.

2 nagy tojás
60 g natúr görög joghurt
2 evőkanál friss aprított petrezselyem
1 evőkanál olíva olaj
½ közepes vékonyra vágott édes hagyma
1 evőkanál apróra vágott kakukkfű
½ kiskanál füstölt paprika (ízlés szerint)
1 (425 g) doboz kockára vágott paradicsom levével
só és bors ízlés szerint
460 g 2.5 cm-es kockákra vágott teljes kiőrlésű kenyér.
2 evőkanál morzsolt feta sajt

Elkészítés

1. Melegítsük elő a sütőt 230°C-ra.
2. Egy közepes keverőtálban keverjük össze a tojást, joghurtot és a petrezselymet. Tegyük félre.
3. Egy közepes (kb. 20 cm-es) sütő-álló serpenyőben melegítsünk olíva olajat közepes tűzön. Tegyük bele a hagymát és pirítsuk, amíg megpuhul és világos barna lesz, 3-4 percig. Keverjük bele a kakukkfüvet (és a füstölt paprikát, ha azt is használunk)
4. Adjuk hozzá a paradicsomot a levével együtt, sózzuk, borsozzuk ízlés szerint és főzzük lassú tűzön. Keverjük bele a kenyér kockákat, vegyük le a tűzről és szórjuk meg feta sajttal.
5. Öntsük a tojás keveréket a tetejére és süssük 20-25 percig, amíg arany-barnára sül. Hagyjuk pár percig hűlni, majd szeletelve tálaljuk.

Adag: 4

Előkészületek: 30 perc
Sütés / főzés: 20 perc

Tápérték adatok

Egy adag: 1 szelet

A szakács jegyzetei

Érték adagonként	
Kalória	328
Zsírkalória (61%)	200
	% Napi adag
Összes zsír 22,6 g	35%
Telített zsír 12,8 g	64%
Koleszterin 161 mg	54%
Nátrium 958 mg	40%
Kálium 310 mg	9%
Összes szénhidrát 14.8 g	5%
Rost 2,4 g	9%
Cukor 7,1 g	
Protein 17,2 g	34%

Palacsinták és Yorkshire puding

A palacsinták kitűnő alapok töltelékekhez, akár desszertként akár szendvicsként fogyasztjuk. Maradék zöldség egy kis sajttal és voilà, már kész is!

A Yorkshire puding ízletes egy kis mártással. Senki sem csinálta olyan jól őket, mint fogadott angol nevelőnőm, Rose Lovett.

Palacsinták (38. oldal)

Pudingok (39. oldal)

Palacsinták

Ezeket a kedvenceket lehet desszertként is kínálni, Nutellával vagy lekvárral. De el lehet készíteni sósan is tojássalátával és megszórni egy kis kaporral, szóval nagyon sokoldalúak.

2 nagy tojás
115 g liszt
¼ kiskanál só
120 ml tej vagy édesítő nélküli mandulatej
2 evőkanál ásványvíz

Elkészítés

1. Az ásványvíz kivételével az összes hozzávalót tegyük a turmixgépbe és turmixoljuk simára. Hagyjuk a hűtőben pihenni 30 percig. Az ásványvizet csak főzés előtt keverjük bele.
2. Melegítsünk fel egy kis, 20 cm-es serpenyőt vagy palacsinta-sütőt és kenjük be egy kis vajjal. Egy kisebb merőkanálnyit (2-3 evőkanál) merjünk a serpenyőbe és folyassuk szét egyenletesre. Süssük, amíg a felületén buborékok nem keletkeznek és a széle kezd felkunkorodni, kb. 2 percig, majd fordítsuk meg a palacsintát és süssük meg a másik oldalát is, kb. 30 másodpercig. Tegyük át egy nagyobb tálba és takarjuk le egy nagyobb fedővel, hogy melegen tartsa. Ismételjük, amíg a tészta el nem fogy.

Adag: 4
Mennyiség: 8 - 10 palacsinta

Előkészületek: 5 perc
Sütés / főzés: 15 perc
Várakozás: 30 perc

Tápérték adatok

Egy adag: 2 vagy 3 palacsinta

A szakács jegyzetei

Érték adagonként	
Kalória	108
Zsírkalória (26%)	28
	% Napi adag
Összes zsír 3,1 g	5%
Telített zsír 1,2 g	6%
Koleszterin 95,4 mg	32%
Nátrium 199 mg	8%
Kálium 94,2 mg	3%
Összes szénhidrát 13,6 g	5%
Rost, 4 g	2%
Cukor 1,7 g	
Protein 5,8 g	12%

Tanácsok

Az első palacsinta általában rongyos lesz. Dobjuk el és süssük a többit. Tegyünk zsírpapírt a palacsinták közé, hogy ne ragadjanak össze.

Yorkshire puding

Néha maradék kacsazsírt használok vaj helyett, de hagyományosan marhazsírral készül.

3 nagy tojás, enyhén felverve
240 ml tej
170 g liszt
½ kiskanál só
2 evőkanál olvasztott vaj vagy olaj
1 evőkanál ásványvíz vagy Perrier

Elkészítés

1 Melegítsük elő a sütőt 220°C-ra. Vajazzunk be alaposan egy nyolclyukú muffin sütő formát és tegyük félre.
2 Egy közepes keverőtálban keverjük össze a tojást, tejet, lisztet, sót és a maradék vajat. Tegyük félre pihenni 10-15 percre.
3 Tegyük a muffinsütő formát a sütőbe 2 percre, hogy felmelegedjen.
4 Addig keverjük bele az ásványvizet a tésztába, majd merőkanállal töltsük meg félig az előmelegített muffinsütő formákat. Süssük, amíg megemelkednek és aranyszínűvé válnak, kb. 30 percig.

Adag: 8

Előkészületek: 10 perc
Sütés / főzés: 30 perc

Tápérték adatok

Egy adag: 1 Yorkshire puding

A szakács jegyzetei

Érték adagonként	
Kalória	110
Zsírkalória (43%)	48
	% Napi adag
Összes zsír 5,4 g	8%
Telített zsír 2,8 g	14%
Koleszterin 79,8 mg	27
Nátrium 188 mg	8%
Kálium 82,1 mg	2%
Összes szénhidrát 10,5 g	4%
Rost, 3 g	1%
Cukor 1,7 g	
Protein 4,6 g	9%

Tanácsok

Ne kukucskáljunk! A Yorkshire puding azért emelkedik fel, mert a sütőben a gőz felemeli. Ha kinyitjuk a sütőt, a gőz elszökik és a pudingok összeesnek.

A férjem mindig édesszájú volt. Egyik kedvence a csokoládé és hónapokba telt mire újra élvezni tudta az ízét. Azokon a napokon, amikor a nyáltermelése még bizonytalan volt, szívesen fogyasztotta az avokádóból és kakaóból készült pudingot. Az avokádó anyaga lágy és a rost mellett káliumot, B és E vitaminokat is tartalmaz, a kakaó pedig a finom csokoládé ízt adja.

Nutellás csokoládé puding (53. oldal)

Málnás gyümölcskrém (56. oldal)

Madártej (50. oldal)

Cseresznyés clafouti (46. oldal)

Mandula puding eper öntettel

Ez Annemarie Colbin receptjének egy változata a The Natural Gourmet szakácskönyvből. Az iskoláját The Natural Gourmet intézetnek hívják és Manhattenben van.

- 600 ml mandula tej (bio, édesítő nélkül), 120 – 480 ml-re elosztva
- 2 csomag (7 g) ízesítés nélküli zselatin
- 2 evőkanál kukorica keményítő (vagy nyílgyökér)
- 60 ml juhar szirup
- ½ kiskanál mandula kivonat
- 1 evőkanál vanília kivonat
- 170 g málna lekvár (mag nélküli)
- 6 evőkanál víz

Elkészítés

1. Egy serpenyőbe tegyünk 480 ml mandulatejet és szórjuk rá a zselatint. Lassú tűzön melegítsük, amíg a zselatin teljesen feloldódik.
2. Egy kis keverőtálban keverjük össze a kukorica keményítőt a maradék 120 ml mandulatejjel, keverjük bele a juhar szirupot is, majd a mandula és vanília kivonatot, utána öntsük a serpenyőbe. Folyamatosan kevergessük nagy lángon, míg elkezd forrni és sűrűsödni.
3. Öblítsünk ki hideg vízzel mélytányérokat vagy kis salátástálakat, öntsük beléjük a keveréket egyenlően elosztva és hűtsük le, amíg megkeményedik, kb. 2 órára.
4. Keverjük össze a málna lekvárt a vízzel az öntethez. Melegítsük fel, mielőtt felszolgáljuk.
5. Tálalás előtt vágjuk körbe a pudingokat a széleik mentén egy éles késsel és fordítsuk bele egy tálba, majd kanalazzuk rá a málnaöntetet.

Adag: 4

Előkészületek: 10 perc
Sütés / főzés: 5 perc
Várakozás: 2 óra

Tápérték adatok

Egy adag: 1 puding

A szakács jegyzetei

Érték adagonként	
Kalória	166
Zsírkalória (12%)	20
	% Napi adag
Összes zsír 2 g	3%
Telített zsír 0 g	0%
Koleszterin 0 mg	0%
Nátrium 131 mg	5
Kálium 157 mg	4%
Összes szénhidrát 35,9 g	12%
Rost 1,2 g	5%
Cukor 3,8 g	
Protein, 5 g	1%

Mandulás vaníliás panna cotta

Ezt Sandra Lee főzőprogramjában mutatták be és nagyon krémes. Időnként én agavé nektárt használok cukor helyett.

240 ml édesítő nélküli mandula tej, elosztva 80-160 ml arányban
1 (7 g) tasak ízesítés nélküli zselatin
360 ml habtejszín
115 g cukor
¾ kiskanál mandula kivonat
1 kiskanál vanília kivonat
60 ml csokoládé szirup
szeletelt eper a díszítéshez (ízlés szerint)

Elkészítés

1 Öntsünk 80 ml mandula tejet egy kis keverőtálba és keverjük bele a zselatint. Tegyük félre.
2 Egy közepes serpenyőben keverjük össze a habtejszínt, a maradék mandulatejet és a cukrot. Gyakran kevergetve közepes tűzön forraljuk fel.
3 Öntsük bele a zselatinos keveréket és addig kevergessük, amíg teljesen feloldódik. Adjunk hozzá ½ kiskanál mandula kivonatot és a vanília kivonatot, majd folyamatosan kevergetve főzzük 1 percig. Vegyük le a tűzről és öntsük 6 desszertes csészébe vagy Martinis poharakba.
4 Mikor szobahőmérsékletre hűlt, takarjuk le zsugorfóliával és tegyük a hűtőgépbe legalább 4 órára (vagy 1 éjszakára).
5 Egy üveg keverőtálban keverjünk össze 60 ml csokoládészirupot ¼ kiskanál mandula kivonattal. Hintsük a panna cották tetejére és tálaljuk. Néhány szelet eperrel még finomabb.

Adag: 6

Előkészületek: 10 perc
Sütés / főzés: 10 perc
Várakozás: 4 óra

Tápérték adatok

Egy adag: 115 g

A szakács jegyzetei

Érték adagonként	
Kalória	226
Zsírkalória (48%)	109
	% Napi adag
Összes zsír 12,3 g	19%
Telített zsír 7,5 g	37%
Koleszterin 41,1 mg	14%
Nátrium 99,7 g	4%
Kálium 160 mg	5%
Összes szénhidrát 27 g	9%
Rost, 8 g	3%
Cukor 22,2 g	
Protein 2,5 g	5%

Almás pite sodóval

Ez a recept a Moosewwod Cookbookból való, ami állandóan velem volt abban az időben, amikor a férjemmel vegetáriánusok voltunk a 80-as évek közepén. Ez nem egy tipikus almás pite – sokkal lágyabb.

1 (23 cm) teljes kiőrlésű lisztből készült nyers pite tészta lap
2 nagy alma, hámozva finomra reszelve
1 evőkanál mandula liszt
240 ml natúr görög joghurt
4 nagy tojás
60 ml agavé szirup
120 ml juhar szirup
1 kiskanál vanília kivonat
½ kiskanál sütőtök fűszer keverék* vagy fahéj
¼ kiskanál só

Elkészítés

1 Melegítsük elő a sütőt 190°C-ra.
2 Keverjük össze a reszelt almát a mandula liszttel és tegyük a tészta lapra.
3 A többi hozzávalót dolgozzuk össze alaposan egy turmixgépben.
4 Öntsük a turmixot az almára és süssük 45 percig, amíg a közepe megkocsonyásodik.

Adag: 8
Mennyiség: 1 pite

Előkészületek: 15 perc
Sütés / főzés: 45 perc

Tápérték adatok

Egy adag: 1/8 pite

A szakács jegyzetei

Érték adagonként	
Kalória	137
Zsírkalória (23%)	31
	% Napi adag
Összes zsír 3,5 g	5%
Telített zsír 1,3 g	6%
Koleszterin 94,7 mg	32%
Nátrium 140 mg	6%
Kálium 171 mg	5%
Összes szénhidrát 21,8 g	7%
Rost, 4 g	2%
Cukor 16,5 g	
Protein 4,9 g	10%

Ariel zselés parfé

Ariel egy alkoholmentes habzóbor. Általában olcsóbb, mint az olcsó habzóborok és ízre is kifogástalan. Köszönet Claire Robinsonnak ezért a remek ötletért!

1 üveg Ariel Brut Cuvée habzóbor
175 g cukor, (elosztva 115 g- 60 g)
120 ml víz
2 (7 g) csomag ízesítés nélküli zselatin
240 ml habtejszín
230 g mascarpone sajt

Elkészítés

1 Öntsük az egész üveg habzóbort, 115 g cukrot és a vizet egy nagy serpenyőbe. Nagy tűzön gyorsan forraljuk fel, majd lassú tűzön hagyjuk forrni még 5 percig. Ezután vegyük le a tűzről és tegyük bele a zselatint és keverjük, amíg teljesen feloldóik.

2 Öntsük egy kb. 23 x 28 cm-es üveg sütőedénybe, hagyjuk, hogy szobahőmérsékletre hűljön, majd tegyük hűtőszekrénybe 4 órára.

3 Egy nagy keverőtálban verjük a tejszínt közepes keménységűre.

4 Egy másik keverőtálban keverjük össze a mascarpone sajtot a maradék 60 g cukorral. A mascarpone harmadát alaposan keverjük el a tejszínhabbal, majd lazán keverjük bele a többit is.

5 Vágjuk a zselés habzóbort 2 x 2 cm-es négyzetekre és tegyük a parfés poharak aljára. Kanalazzuk rá a mascarpone keveréket, majd újra a zselés habzóbort és a mascarponés keveréket és rétegenként ismételjük, míg megtelik a pohár.

Adag: 8

Tápérték adatok

Egy adag: 1 parfé

A szakács jegyzetei

Érték adagonként	
Kalória	426
Zsírkalória (37%)	155
	% Napi adag
Összes zsír 17,5 g	27%
Telített zsír 6,9 g	34%
Koleszterin 60,2 mg	20%
Nátrium 224 mg	9%
Kálium 2.417 mg	69%
Összes szénhidrát 50,1 g	17%
Rost 0 g	0%
Cukor 48,7 g	
Protein 20,9 g	42%

Banán fagylalt

Használhatunk zsíros vagy sovány tejet, tej-helyettesítőket, mint mandula- vagy diótej. A fagyott banán óriási zajt csinál a turmixgépben, de megéri! Egészen olyan íze van, mint a fagylaltnak – Tényleg!

2 jól érett banán, hámozva, szeletelve
60 ml kókusz (vagy más) tej
¼ kiskanál vanília kivonat

Elkészítés

1. Fagyasszuk le a banánt.
2. Tegyük a turmixgépbe és turmixoljuk apróra.
3. Adjuk hozzá a tejet és a vaníliát, majd turmixoljuk simára. Kaparjuk le a gép faláról, ha szükséges.

Adag: 2

Előkészületek: 10 perc
Sütés / főzés:
Várakozás: 6 óra

Tápérték adatok

Egy adag: 115 g

A szakács jegyzetei

Érték adagonként	
Kalória	167
Zsírkalória (33%)	55
	% Napi adag
Összes zsír 6,6 g	10%
Telített zsír 5,7 g	28%
Koleszterin 0 mg	<1%
Nátrium 4,8 mg	14%
Kálium 493 mg	10%
Összes szénhidrát 28,7 g	12%
Rost 3,1 g	12%
Cukor 14,5 g	
Protein 1,8 g	4%

Cseresznye clafouti 4

Barátnőm, Nancy Bodenheimer friss cseresznyéből csinálja. Ez pedig az én verzióm, fagyasztott cseresznyével és turmixgéppel.

230 g fagyasztott, kiolvasztott cseresznye
60 ml tejszín
60 ml mandula tej (bio, édesítő nélkül)
60 ml juhar szirup (vagy agavé nektár)
60 g cottage cheese (túró)
2 nagy tojás
60 g quinoa liszt, (vagy nem fehérített liszt)
60 g mandula liszt
¼ kiskanál fahéj
1 kiskanál vanília kivonat
¼ kiskanál mandula kivonat, (ízlés szerint)
porcukor díszítéshez

Elkészítés

1 Melegítsük elő a sütőt 190°C-ra.
2 A cseresznye kivételével tegyük a hozzávalókat a turmixgépbe és turmixoljuk simára kb. 1-2 percig.
3 Öntsük egy 20 cm-es, kerek, hőálló tálba (vagy tortasütő formába), amit olajspray-vel enyhén befújtunk. Rendezzük el rajta a cseresznyét és süssük 35-40 percig, amíg megemelkedik és megbarnul. Hagyjuk szobahőmérsékletre hűlni mielőtt meghintjük porcukorral.
4 Vágjuk cikkekre és úgy tálaljuk.

Adag: 8

Előkészületek: 15 perc
Sütés / főzés: 40 perc

Tápérték adatok

Egy adag: 1/8 szelet

A szakács jegyzetei

Érték adagonként	
Kalória	97
Zsírkalória (42%)	40
	% Napi adag
Összes zsír 4,5 g	7%
Telített zsír 2,3	11%
Koleszterin 58,1 mg	19%
Nátrium 74,5 mg	3%
Kálium 86,7 mg	2%
Összes szénhidrát 10,3 g	3%
Rost, 5 g	2%
Cukor 8,3 g	
Protein 3,7 g	7%

Áfonyás csokoládé trüffel

Ez a legínyencebb trüffel. Ünnepek előtt nagyobb mennyiséget csinálok és elajándékozom. A titok a hozzáadott áfonyaszósz.

340 g apróra vágott étcsokoládé
240 ml tejszín
115 g áfonya szósz egész áfonyákkal
egy fél narancshéj reszelék
60 g puha sótlan vaj
60 g apróra vágott dió, színes cukorreszelék, kókusz vagy kakaópor (ízlés szerint)

Elkészítés

1 Tegyük az apróra vágott csokoládét egy üveg keverőtálba.
2 Egy kis serpenyőben közepes hőmérsékleten melegítsük a tejszínt, amíg a szélén apró buborékok keletkeznek. Ne engedjük felforrni. Öntsük bele a csokoládét és kevergessük lassan, amíg a csokoládé felolvad. Adjuk hozzá az áfonya szószt, a narancs-héj reszeléket és a vajat, majd keverjük jól össze. Folpack fóliával takarjuk le és tegyük a hűtőszekrénybe 4 órára vagy éjszakára.
3 Húzzunk fel gumikesztyűt és egy kanál segítségével készítsünk csokoládégolyókat. Tegyük őket egy sütőpapírral bélelt tálcára vagy szilikon sütőlapra. Hengergessük a golyókat a dióba, színes cukorreszelékbe, kókuszreszelékben vagy kakaóporba. Hűtsük le tálalás előtt.

Adag: 35
Mennyiség: 35 trüffel

Előkészületek: 10 perc
Sütés / főzés: 15 perc
Várakozás: 4 óra

Tápérték adatok

Egy adag: 1 trüffel

Érték adagonként	
Kalória	81
Zsírkalória (75%)	60
	% Napi adag
Összes zsír 6,8 g	11%
Telített zsír 3,6 g	19%
Koleszterin 13 mg	4%
Nátrium 5,1 mg	<1%
Kálium 50,8 mg	1%
Összes szénhidrát 4,5 g	1%
Rost, 8 g	3%
Cukor 2,9 g	
Protein, 7 g	1%

A szakács jegyzetei

Csoki hab meglepetés

A lágyságon van a hangsúly! A meglepetés az avokádó, amit titokban lehet tartani. Senki nem gondolná, hogy miből készült.

2 avokádó, lehetőleg Hass
170 g vanília joghurt
120 ml agavé nektár (vagy méz)
115 g édesítő nélküli kakaó por
1 kiskanál vanília kivonat
½ kiskanál mandula kivonat
½ kiskanál fahéj
½ kiskanál instant kávé (ízlés szerint)
1 csipet só
2 nagy tojás fehérje
60 g porcukor
csokoládéforgács a díszítéshez

Elkészítés

1. Vágjuk ketté az avokádót, dobjuk ki a magját és kanalazzuk a húsát egy turmixgépbe.
2. Adjuk hozzá a következő 8 hozzávalót és turmixoljuk simára, kaparjuk le a turmixgép oldaláról, ha szükséges. Utána tegyük át az egészet egy nagyobb keverőtálba.
3. Egy kis keverőtálban verjük fel a tojásfehérjét habosra, adjuk hozzá fokozatosan a porcukrot, majd verjük keményre.
4. Tegyünk egy kis tojáshabot az avokádókrémhez, hogy könnyebb legyen és jól keverjük el. Utána lassan keverjük össze a maradék tojáshabot és az avokádó krémet, amíg majdnem teljesen feloldódnak egymásban. (Néhány fehér csík maradhat.)
5. Osszuk szét mélytányérokba vagy borospoharakba és hűtsük le felszolgálás előtt. Csokoládéforgáccsal vagy reszelékkel díszítsük.

Adag: 6

Előkészületek: 5 perc
Várakozás: 2 óra

Tápérték adatok

Egy adag: 115 g

A szakács jegyzetei

Érték adagonként	
Kalória	188
Zsírkalória (%	84
	% Napi adag
Összes zsír 9,9 g	1 %
Telített zsír 1,9 g	9%
Koleszterin 3,8 mg	1%
Nátrium 460 mg	9%
Kálium 487m	14%
Összes szénhidrát 20,8 g	7%
Rost 4,2 g	17%
Cukor 15,6 g	
Protein 6,2 g	12%

Eszpresszó panna cotta

Ez Giada De Laurentiis egyik művének egy variációja. Lágy és laktató.

120 ml mandula tej (bio, édesítő nélkül)
1½ kiskanál ízesítés nélküli zselatin
360 ml tejszín
3 kiskanál instant presszó kávé
60 g cukor vagy megfelelő édesítő
1 csipet só
reszelt étcsokoládé díszítéshez

Elkészítés

1 Öntsük egy kis serpenyőbe a mandula tejet, szórjuk rá a zselatint és hagyjuk állni 5 percig, hogy a zselatin megpuhuljon. Utána közepes lángon kevergessük, amíg a zselatin egészen felolvad kb. 2 percig (ne forraljuk).
2 Tegyük hozzá a tejszínt, a kávét, cukrot és a sót. Kis lángon kevergessük, amíg minden felolvad, kb. még 5 percig.
3 Öntsük a keveréket 2 Martinis pohárba, takarjuk le és tegyük a hűtőszekrénybe, 20 percenként keverjük meg az első órában. Hűtsük, amíg megkeményedik, kb. 4 órát, (vagy hagyjuk éjszakára).
4 Fogyasztás előtt díszítsük csokoládé reszelékkel vagy forgáccsal.

Adag: 2

Előkészületek: 5 perc
Sütés / főzés: 15 perc
Várakozás: 4 óra

Tápérték adatok

Egy adag: 1 Martinis pohár

A szakács jegyzetei

Érték adagonként	
Kalória	743
Zsírkalória (7 %)	589
	% Napi adag
Összes zsír 66,8 g	103%
Telített zsír 41,1 g	206%
Koleszterin 245m	8
Nátrium 269 mg	11%
Kálium 231 mg	7%
Összes szénhidrát 31 g	10%
Rost, 3 g	1%
Cukor 25,2 g	
Protein 8,3 g	17%

Madártej

Ez a desszert Franciaországból származik, "Oeufs à la Neige" (tojás a hóban) vagy "Floating Island" (lebegő sziget) ami nem más, mint felvert tojásfehérje vaniliasodóban. Magyarországon nagyon népszerű. Méz vagy juhar szirup szintén használható agavé szirup helyett.

600 ml mandula tej (bio, édesítő nélkül)
60 ml agavé szirup
4 nagy tojás, sárgája, fehérje szétválasztva
1 csipet só
¼ kiskanál tisztított borkő
60 g cukor vagy megfelelő édesítő, megosztva 30-30 g
1 kiskanál vanília kivonat
fahéj vagy kakaópor díszítéshez

Elkészítés

1. Melegítsük együtt a mandula tejet és az agavé szirupot, amíg a serpenyő szélén megjelennek a buborékok.
2. Addig verjük fel a tojást habosra egy csipet sóval. Tegyük hozzá a tisztított borkőt és folyamatosan gyorsítsuk a habverést, közben adjuk hozzá a 30 g cukrot. Folytassuk, amíg a hab kemény lesz.
3. A habból egy nagy kanállal tegyünk jókora darabokat a csendesen forró mandulatejbe. 1 perc után fordítsuk meg őket és főzzük még 1 percig. Utána tegyük a habot egy konyhai papírkendőre, hogy a felesleges nedvességet eltávolítsuk.
4. A tojás sárgákhoz adjuk hozzá a maradék 30 g cukrot és addig keverjük, amíg halványsárga lesz. Finomítsuk a tojást egy pici forró mandulatejjel és keverés közben vigyázzunk, nehogy összemenjen. Ezután öntsük a keveréket a forró mandulatejbe és lassan kevergessük, amíg krémessé válik, majd vegyük le a tűzről, keverjük bele a vanília kivonatot és hagyjuk szobahőmérsékletre hűlni.
5. Öntsük desszertes tálakba, kanalazzuk rá a tojásfehérje habot és tegyük a hűtőszekrénybe.
6. Fogyasztás előtt szórjunk rá fahéjat vagy kakaóport.

Adag: 4

Előkészületek: 20 perc
Várakozás: 2 óra

Tápérték adatok

Egy adag: 170 g

A szakács jegyzetei

Érték adagonként	
Kalória	152
Zsírkalória (37%)	57
	% Napi adag
Összes zsír 6,1 g	9%
Telített zsír 1,4 g	7%
Koleszterin 164 mg	55%
Nátrium 248 mg	10%
Kálium 212 mg	6
Összes szénhidrát 17,7 g	6%
Rost, 6 g	3%
Cukor 16,1 g	
Protein 5,5 g	11%

Kahlúamisu

Ez egy gyors, tiramisu szerű recept, legendásan ízletes és könnyen nyelhető.

120 ml lefőzött, lehűtött, presszókávé
1 evőkanál Kahlúa likőr
6 baba piskóta
160 ml tejszín
1 csipet só
60 g pálma cukor (vagy barnacukor)
1 evőkanál kakaópor vagy reszelt csokoládé

Elkészítés

1 Egy alacsony tálban keverjük össze a kávét és a Kahlúa likőrt, tegyük félre.
2 Egy másik kisebb keverőtálban verjük fel a tejszínt a sóval és a cukorral lágyra.
3 Vágjuk a baba piskótákat ketté. Mártsunk gyorsan 3-3 fél piskótát a kávé-Kahlúa keverékbe, majd tegyük a martinis poharakba, hogy a végük felfelé kinyúljon a pohárból. Kanalazzuk rá a tejszínhabot, majd tegyünk rá még egy réteget: a megmaradt 3-3 fél piskótát és tejszínhabot. Díszítsük kakaóporral vagy reszelt csokoládéval és fogyasszuk el, vagy tegyük hűtőszekrénybe fogyasztásig.

Adag: 2

Előkészületek: 5 perc

Tápérték adatok

Egy adag: 170 g

A szakács jegyzetei

Érték adagonként	
Kalória	511
Zsírkalória (58%)	296
	% Napi adag
Összes zsír 33,6 g	52%
Telített zsír 20 g	100%
Koleszterin 195 mg	65%
Nátrium 252 mg	10%
Kálium 283 mg	8%
Összes szénhidrát 39,5 g	13%
Rost 1,3 g	5%
Cukor 12,4 g	
Protein 6,5 g	13%

Brownie – sütés nélkül

Ulli Stacheltől, a Dr. Oz Show-ból vettem át ezt az ínyenceknek való receptet.

72 g édesítő nélküli kakaó por
2 kiskanál fahéj
120 ml mandula tej (bio, édesítő nélkül)
230 g mazsola (vagy szárított áfonya)
230 g quinoa pehely (vagy hengerelt zabpehely)

Elkészítés

1 Egy mixerben mixeljük össze a kakaóport, fahéjat, mandula tejet és mazsolát (vagy áfonyát), amíg egész sima nem lesz, 1-2 percig.
2 Adjuk hozzá a quinoa pelyhet (vagy a zabpelyhet) és mixeljük jól össze.
3 Egy kb. 14 x 14 cm-es edényt fújjunk be sütőolajjal és tegyük bele a keveréket. Nyomkodjuk le és kenjük el egyenletesen egy gumi spatulával. Tegyük a hűtőbe, amíg megkeményedik, majd vágjuk kis kockákra.

Adag: 12
Mennyiség: 12 kis kocka

Előkészületek: 10 perc

Tápérték adatok

Egy adag: 1 kocka

A szakács jegyzetei

Érték adagonként	
Kalória	72
Zsírkalória (17%)	12
	% Napi adag
Összes zsír 1,4 g	2%
Telített zsír, 2 g	1%
Koleszterin 0 mg	0%
Nátrium 13,5 mg	<1%
Kálium 249 mg	7%
Összes szénhidrát 16,5 g	5%
Rost 3,7 g	15%
Cukor 8,4 g	
Protein 1,6 g	3%

Nutellás® csokoládé puding 2

Ezt a krémet egy cukrász, Pietro Ferrero alkotta 1940-ben. A második világháborús élelmiszerhiány miatt a kakaó is ritka kincsnek számított. Ezért készítette el ezt a krémet, ami pörkölt mogyoró, sovány tej és egy kis kakaó keveréke. Mesterséges színezéket és tartósítót nem tartalmaz.

115 g mogyorókrém (Nutella®)
60 g vanília joghurt
120 ml tejszín
1 csipet só
1½ kiskanál mogyorólikőr (ízlés szerint)

Elkészítés

1. Egy konyhai robotgépben közepes sebességen keverjük össze a Nutellát és a joghurtot, amíg sima és krémszerű lesz. Tegyük félre.
2. Egy kis keverőtálban verjük fel keményre a tejszínt egy csipet sóval. Ha likőrt is használunk, azt a végén keverjük bele.
3. Egy gumi spatulával tegyünk egy kis tejszínhabot a Nutella krémbe, hogy lágyabb legyen és jól keverjük el. Majd lassú keveréssel öntsük hozzá a maradék tejszínhabot.
4. Kanalazzuk desszertes tálakba és hűtsük kb. 20 percig fogyasztás előtt.

Adag: 4

Előkészületek: 10 perc
Várakozás: 30 perc

Tápérték adatok

Egy adag: 75 g

A szakács jegyzetei

Érték adagonként	
Kalória	148
Zsírkalória (75%)	111
	% Napi adag
Összes zsír 12,6 g	19%
Telített zsír 8,3 g	41%
Koleszterin 41,5 mg	14%
Nátrium 23,3 mg	<1%
Kálium 74,7 mg	2%
Összes szénhidrát 6,5 g	2%
Rost, 3 g	1%
Cukor 4,7 g	
Protein 1,6 g	3%

Tanácsok

Likőr helyett 1 kiskanál mandula vagy mogyoró kivonatot is használhatunk.

Sárgabarack gyümölcskrém

Ez egy nagyon könnyű desszert. Egy izgalmas változatban fagyasztott mangó darabokat használhatunk a mangó-sárgabarack joghurt helyett.

285 g kiolvadt, fagyasztott, szeletelt sárgabarack
345 g mangó-sárgabarack joghurt
60 g cukor vagy megfelelő édesítő
60 ml tejszín
1 csipet só

Elkészítés

1 Tegyük a sárgabarackot és a cukrot a turmixgépbe és addig turmixoljuk, amíg a cukor elolvad és a keverék sima lesz.
2 Adjuk hozzá a joghurtot és mixeljük össze. Tegyük egy közepes edénybe, tegyük félre.
3 Egy kis keverőtálban verjük fel a tejszínt egy csipet sóval lágyra.
4 Lassan keverve öntsük a tejszínhabot a barack keverékbe.
5 Osszuk el a keveréket 4 desszertes tálba és hűtsük legalább 4 órát fogyasztás előtt.

Adag: 4

Előkészületek: 25 perc
Sütés / főzés: 10 perc

Tápérték adatok

Egy adag: 115 g

A szakács jegyzetei

Érték adagonként	
Kalória	167
Zsírkalória (37%)	63
	% Napi adag
Összes zsír 7,1 g	11%
Telített zsír 4,2 g	21%
Koleszterin 25 mg	8%
Nátrium 67,3 mg	3%
Kálium 319 mg	9%
Összes szénhidrát 21,7 g	7%
Rost 4,1 g	18%
Cukor 16 g	
Protein 5,7 g	11%

Sütőtök puding

Szeretem a sütőtöktök (tök) ízét ősszel. Langyosan tálaljuk.

690 g édesítő nélküli tök püré
180 ml juhar szirup
2 evőkanál melasz
¼ kiskanál őrölt szegfűszeg
2 kiskanál fahéj
1 kiskanál sütőtök fűszer keverék*
½ kiskanál őrölt gyömbér
1 kiskanál só
4 nagy enyhén felvert tojás
480 ml mandula tej (bio, édesítő nélkül)

Elkészítés

1 Tegyük a sütőtök pürét és a többi hozzávalót egy nagyobb keverőtálba és keverjük alaposan össze.
2 Tegyük a keveréket egy kb. 1 literes vajjal kikent sütőedénybe és süssük kb. 40 percig, amíg megsül.

Adag: 8

Előkészületek: 15 perc
Sütés / főzés: 40 perc

Tápérték adatok

Egy adag: kb. 230 g

A szakács jegyzetei

Érték adagonként	
Kalória	171
Zsírkalória (19%)	32
	% Napi adag
Összes zsír 3,5 g	5%
Telített zsír, 9 g	5%
Koleszterin 93 mg	31%
Nátrium 382 mg	16%
Kálium 414 g	12
Összes szénhidrát 32,4 g	11%
Rost 3,3 g	13%
Cukor 23,8 g	
Protein 4,2 g	8%

*Sütőtök fűszer keverék: ½ kiskanál őrölt fahéj, ¼ kiskanál őrölt gyömbér, 1/8 kiskanál szegfűszeg, 1/8 kiskanál szerecsendió

Málna gyümölcskrém

Jó lenne, ha a málnának nem lennének olyan nagy magjai! Ez a recept Ellie Kriegertől származik.

285 g fagyasztott, kiolvadt málna
75 g cukor vagy megfelelő édesítőszer
345 g vaníliás joghurt
60 ml tejszín
1 csipetnyi só

Elkészítés

1. Tegyük a málnát és a cukrot egy mixerbe és mixeljük, amíg a cukor feloldódik.
2. Kaparjuk az egészet egy szűrőbe egy tál fölött és addig kevergessük, amíg csak a magok maradnak. Dobjuk ki a magokat.
3. Lassan keverjük bele a joghurtot a málnaszószba.
4. Egy kis keverőtálban verjük fel a tejszínt lágyra egy csipetnyi sóval.
5. Lassú keverés mellett öntsük a tejszínhabot a málna keverékbe.
6. Osszuk szét 4 pezsgős pohárba és legalább 2 órát hűtsük fogyasztás előtt.

Adag: 4

Előkészületek: 25 perc
Sütés / főzés: 10 perc

Tápérték adatok

Egy adag: 115 g

A szakács jegyzetei

Érték adagonként	
Kalória	174
Zsírkalória (45%)	79
	% Napi adag
Összes zsír 9 g	14%
Telített zsír 5,3 g	26%
Koleszterin 21,5 mg	7%
Nátrium 53,3 mg	2%
Kálium 232 mg	7%
Összes szénhidrát 22 g	7%
Rost 4,6 g	18%
Cukor 16,1 g	
Protein 3,3 g	7%

Ricotta édesség

Próbáljunk apró-darabos túrót használni, ha a ricotta sajt száraz a nyeléshez.

230 g ricotta sajt
2 csomag vaníliás ízű francia sztívia
1 kiskanál frissen reszelt citromhéj
1 kiskanál frissen reszelt narancshéj
1 kiskanál frissen reszelt zöldcitrom
¼ kiskanál vanília kivonat

Elkészítés

Egy közepes keverőtálban alaposan keverjük össze a hozzávalókat. Osszuk szét a keveréket dekoratív desszertes tálakba és élvezzük az ízeket!

Adag: 2

Előkészületek: 5 perc
Sütés / főzés:

Tápérték adatok

Egy adag: 115 g

A szakács jegyzetei

Érték adagonként	
Kalória	218
Zsírkalória (64%	139
	% Napi adag
Összes zsír 16 g	25%
Telített zsír 10,2 g	51%
Koleszterin 62,7 mg	21%
Nátrium 104 mg	4%
Kálium 135 mg	4%
Összes szénhidrát 5,1 g	2%
Rost, 3 g	1%
Cukor, 4 g	
Protein 13,9 g	28%

Serpenyőben sült almás-körtés morzsa

Ez egy kellemes téli desszert. A quinoa pelyhek megkönnyítik a morzsák nyelését.

- 115 g pálma cukor (vagy világosbarna cukor)
- 60 g quinoa liszt
- 2 evőkanál pekán dió
- 1 kiskanál őrölt fahéj
- 114 g sótlan vaj
- 115 g quinoa pehely (vagy hengerelt zab)
- 2 Granny Smith alma hámozva, magház nélkül, vékonyra szeletelve
- 2 Bosc kobak körte
- 60 g szárított áfonya, ribizli, vagy mazsola
- 2 evőkanál pálma cukor (vagy világosbarna cukor)
- 1 kiskanál őrölt fahéj
- $^{1}/_{8}$ kiskanál őrölt kardamom
- 2 evőkanál juhar vagy agavé szirup

Elkészítés

1 Melegítsük elő a sütőt 175°C-ra. Vajazzunk ki egy 30cm-es öntöttvas vagy hőálló serpenyőt vagy egy mély torta sütő formát.

A morzsa elkészítése

2 Egy konyhai robotgépben keverjük össze a cukrot a liszttel, pekán dióval és fahéjjal. Keverjük, amíg apró darabos lesz. Tegyük a keveréket egy tálba és nyomkodjuk csomósra.

A töltelék elkészítése

3 Egy nagy keverőtálban keverjük össze az almát, körtét, szárított áfonyát (ribizlit vagy mazsolát), cukrot, fahéjat, kardamomot és agavét és keverjük, amíg a cukor feloldódik.

4 Öntsük a gyümölcsöt a serpenyő aljára, majd szórjuk rá a morzsát.

5 Süssük a sütő közepén, közepes magasságban, 45-60 percig, amíg a gyümölcs elkezd gyöngyözni és a morzsa a tetején barnulni. Fogyasztás előtt hagyjuk 10 percet hűlni.

Adag: 8

Előkészületek: 20 perc Sütés / főzés: 1 óra

Tápérték adatok

Egy adag: 115 g

A szakács jegyzetei

Érték adagonként	
Kalória	236
Zsírkalória (30%)	71
	% Napi adag
Összes zsír 8,2 g	13
Telített zsír 3,9 g	20%
Koleszterin 15,2 mg	5%
Nátrium 6,3 mg	<1%
Kálium 371 mg	11
Összes szénhidrát 43,9 g	15%
Rost 8,1 g	32%
Cukor 25,9 g	
Protein 2,3 g	5%

Tanácsok

Vaníliafagylalttal csodálatos!

Italok és turmixok

Naponta négy-öt turmixot keverek. Általában gyümölccsel és mandulatejjel készítem egy kis édesítővel, citromos, fahéjas vagy gránátalmás lenolajjal ízesítem és összekeverem. Az avokádó csodálatos alapanyag, mert önmagában nincs erős íze és a húsa nagyon lágy. Néhány hozzávaló összekeverésével nehéz hibázni. Tekintsük ezeket a recepteket alapnak és legyünk kreatívak.

Cseresznye turmix(65. oldal)

Mandula vaj - banán turmix (61. oldal)

Áfonya turmix (64. oldal)

Avocádó – mandula tej turmix (62. oldal)

"Zöld" banán turmix

A fagyasztott banán elveszi a spenót ízét, de a turmix megőrzi zöld színét.

230 g (egy maréknyi) zsenge spenót
240 ml kókusz tej vagy más alternatív tej
1 kis hámozott, tört és fagyasztott banán
1 evőkanál méz

Elkészítés

1 Tegyük a hozzávalókat egy turmixgépbe és turmixoljuk, amíg sima nem lesz.

Adag: 1

Előkészületek: 5 perc

Tápérték adatok

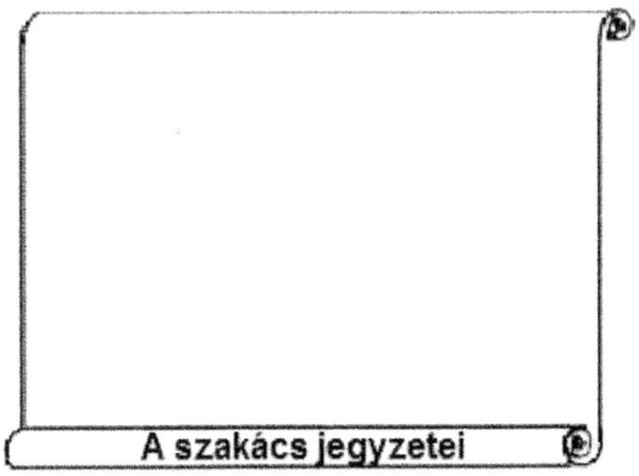

Érték adagonként	
Kalória	217
Zsírkalória (4%)	8
	% Napi adag
Összes zsír 1 g	1%
Telített zsír, 6 g	3%
Koleszterin 0 mg	0%
Nátrium 278 mg	12%
Kálium 1.181 mg	34%
Összes szénhidrát 53 g	18%
Rost 6,3 g	25%
Cukor 37,4 g	
Protein 3,9 g	8%

Mandula vaj – banán turmix

A mandula vaj édesebb, mint a földimogyoró vaj, de más csonthéjas (dió, mogyoró, kesu, pisztácia, vagy pekán) vaj is használható.

120 ml mandula tej (bio, édesítő nélkül)
115 g natúr joghurt
1 evőkanál fahéj ízű lenmag olaj
3 evőkanál mandula vaj
1 kis, hámozott, szeletelt banán
¼ kiskanál fahéj
2 evőkanál édesítő nélküli kakaó por

Elkészítés

1 Tegyük a hozzávalókat egy turmixgépbe és turmixoljuk, amíg sima nem lesz.

Adag: 2
Mennyiség: 480 ml

Előkészületek: 5 perc

Tápérték adatok

Egy adag: 240 ml

A szakács jegyzetei

Érték adagonként	
Kalória	319
Zsírkalória (61%)	196
	% Napi adag
Összes zsír 22,8 g	35%
Telített zsír 2,8 g	14%
Koleszterin 3,7 mg	1%
Nátrium 141 mg	6%
Kálium 655 mg	19%
Összes szénhidrát 25,6 g	9%
Rost 6,2 g	25%
Cukor 12,4 g	
Protein 10 g	20%

Avokádó – mandula tej turmix

Gyakran használok avokádót a turmixok alapjául, majd erdei gyümölcsöket vagy cseresznyét adok hozzá.

1 avokádó, lehetőleg Hass
480 ml mandula tej (bio, édesítő nélkül)
¼ kiskanál mandula kivonat
2 evőkanál agavé szirup
5 csepp vanília ízű sztívia, (ízlés szerint)

Elkészítés

1 Vágjuk ketté az avokádót, dobjuk ki a magját és kanalazzuk a húsát a turmixgépbe.
2 Adjuk hozzá a többi hozzávalót és turmixoljuk, amíg sima lesz és tegyünk hozzá mandulatejet a kívánt sűrűség eléréséhez. Kóstoljuk meg és édesítsük ha szükséges.

Adag: 2

Előkészületek: 10 perc

Tápérték adatok

Egy adag: 240 ml

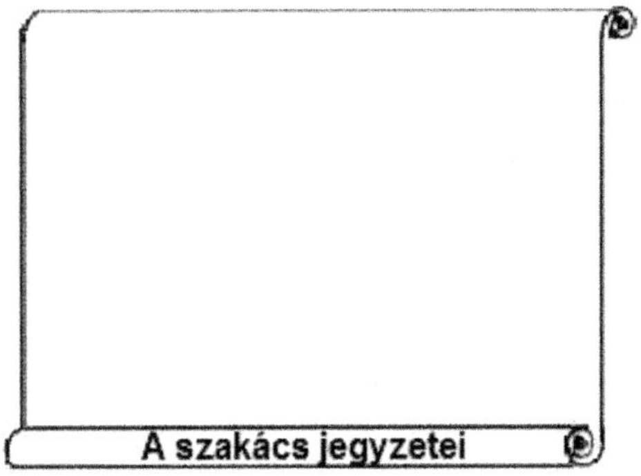

Érték adagonként	
Kalória	198
Zsírkalória (72%)	143
	% Napi adag
Összes zsír 16,3 g	25%
Telített zsír 1,8 g	9%
Koleszterin 0 mg	0%
Nátrium 187 mg	8%
Kálium 629 mg	18%
Összes szénhidrát 12,3 g	4%
Rost 6,9 g	28%
Cukor 3,6 g	
Protein 1,7 g	3%

Tanácsok

Ebből úgy csinálhatunk kakaó turmixot, hogy adunk hozzá 2 evőkanál édesítő nélküli kakaóport.

Banán - kókusztej turmix

A banán kitűnő alapanyag mindenféle turmixhoz.

½ közepes hámozott, szeletelt banán
240 ml kókusz tej
1 evőkanál fahéj ízű lenmag olaj

Elkészítés

1 Tegyük a hozzávalókat egy turmixgépbe és turmixoljuk, amíg sima nem lesz.

Adag: 1

Előkészületek: 5 perc

Tápérték adatok

A szakács jegyzetei

Érték adagonként	
Kalória	216
Zsírkalória (58%)	126
	% Napi adag
Összes zsír 14,3 g	22%
Telített zsír 1,8 g	9%
Koleszterin 0 mg	0%
Nátrium 253 mg	11%
Kálium 801 mg	23%
Összes szénhidrát 21,8 g	7%
Rost 4,1 g	16%
Cukor 13,1 g	
Protein 2,3 g	5%

Áfonya turmix

Használjunk erdei gyümölcs ízesítésű herbateát, mint például „Zinger".

115 g friss vagy fagyasztott áfonya
1 kiskanál lenmag olaj
115 g natúr joghurt
60 ml herbatea

Elkészítés

1 Tegyük a hozzávalókat egy turmixgépbe és turmixoljuk, amíg sima nem lesz.

Adag: 1

Tápérték adatok

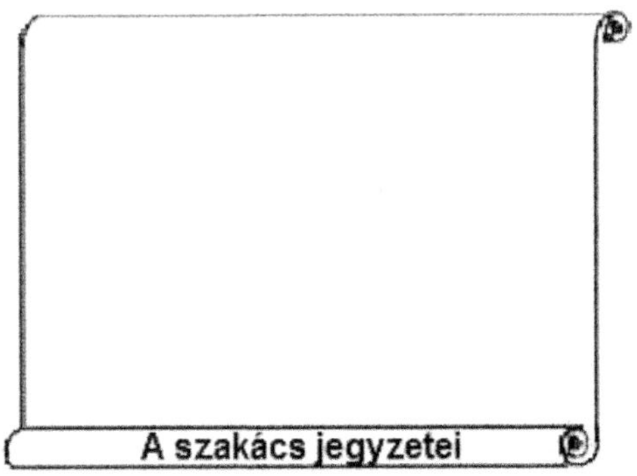

Érték adagonként	
Kalória	159
Zsírkalória (37%)	59
	% Napi adag
Összes zsír 6,7 g	10%
Telített zsír 1,7 g	8%
Koleszterin 7,4 mg	2%
Nátrium 87,1 mg	4%
Kálium 348 mg	10%
Összes szénhidrát 19,3 g	6%
Rost 1,7 g	7%
Cukor 15,9 g	
Protein 7 g	14%

Cseresznye turmix

Az édesítéshez vanília ízű Sweet Leaf® Stevia cseppeket (5-6-ot) szoktam használni.

460 g fagyasztott cseresznye
1 érett, hámozott és szeletelt banán
240 ml kókuszvíz
1 kiskanál fahéj ízű lenmag olaj

Elkészítés

1 Tegyük a fagyasztott cseresznyét, banánt, kókuszvizet és a lenmag olajat a turmixgépbe. Takarjuk le és turmixoljuk simára. Öntsük poharakba és azonnal fogyasszuk.

Adag: 2

Tápérték adatok

Adag: 240 ml

A szakács jegyzetei

Érték adagonként	
Kalória	167
Zsírkalória (18%)	29
	% Napi adag
Összes zsír 3,4 g	5%
Telített zsír, 7 g	3%
Koleszterin 0 mg	0%
Nátrium 128 mg	5%
Kálium 703 mg	20%
Összes szénhidrát 35 g	12%
Rost 5,3 g	21%
Cukor 24,3 g	
Protein 3 g	6%

Zöldség és erdei gyümölcs turmix

A psyllium a rost tartalmat növeli.

115 g zsenge spenót
240 ml mandula vagy más csonthéjas tej (bio, édesítő nélkül)
240 ml zöld tea
1 kis, hámozott, tört, fagyasztott banán
230 g bármilyen erdei gyümölcs (friss vagy fagyasztott)
1 evőkanál fahéj ízű lenmag olaj (ízlés szerint)
2 psyllium kapszula tartalma (ízlés szerint)

Elkészítés

1 Tegyük az összes hozzávalót a turmixgépbe, ha használjuk a kapszulákat, akkor azokat utoljára. Magas fordulaton turmixoljuk simára.

Adag: 2

Előkészületek: 10 perc

Tápérték adatok

Egy adag: 240ml

A szakács jegyzetei

Érték adagonként	
Kalória	174
Zsírkalória (46%)	79
	% Napi adag
Összes zsír 8,8 g	13%
Telített zsír, 7 g	4%
Koleszterin 0 mg	0%
Nátrium 97,2 mg	4%
Kálium 413 mg	12%
Összes szénhidrát 24,9 g	8%
Rost 3,9 g	15%
Cukor 14,1 g	
Protein 1,4 g	3%

Tanácsok

Ha édesen szeretnénk, adjunk hozzá egy kis édesítőt, esetleg agavé vagy juhar szirupot.

Üdülőital nyaraláshoz

Ez az igazán ínycsiklandó ital fogyasztható hidegen és melegen is.

480 ml mandula tej (bio, édesítő nélkül)
75 g makadám dió
1 nagy hámozott, tört és fagyasztott banán
3 kimagozott datolya, (lehetőleg Medjool)
1 kiskanál vanília kivonat
1 kiskanál juhar (vagy agavé) szirup
1 kiskanál fahéj ízű lenmag olaj
¼ kiskanál sütőtök fűszer keverék* vagy fahéj
őrölt szerecsendió díszítéshez

Elkészítés

1 Tegyük a hozzávalókat egy turmixgépbe és turmixoljuk, amíg sima nem lesz.
2 Szűrjük le, hogy eltávolítsuk a nagyobb darabokat, hintsük meg szerecsendióval és szolgáljuk fel.

Adag: 2

Előkészületek: 5 perc

Tápérték adatok

Egy adag: 240 ml

A szakács jegyzetei

Érték adagonként	
Kalória	312
Zsírkalória (58%)	180
	% Napi adag
Összes zsír 21,1 g	32%
Telített zsír 3,1 g	15%
Koleszterin 0 mg	0%
Nátrium 92,7 mg	4%
Kálium 513 mg	15%
Összes szénhidrát 31,6	11%
Rost 5,2 g	21%
Cukor 19,6 g	
Protein 2,8 g	6%

*Sütőtök fűszer keverék: ½ kiskanál őrölt fahéj, ¼ kiskanál őrölt gyömbér, $^1/_8$ kiskanál szegfűszeg, $^1/_8$ kiskanál szerecsendió

Sütőtök ital

Kicsit felmelegítve még finomabb, különösen hideg téli éjjeleken.

115 g édesítő nélküli sütőtök püré
360 ml kókusztej
1 gombóc fagylalt (olyan, mint vanília, rumos mazsola)
½ kiskanál sütőtök fűszer keverék* vagy fahéj
¼ vanília kivonat
frissen őrölt szerecsendió

Elkészítés

1 Tegyük a hozzávalókat egy turmixgépbe és turmixoljuk, amíg sima nem lesz.
2 Öntsük poharakba vagy bögrékbe, díszítsük szerecsendióval és szolgáljuk fel.

Adag: 2

Előkészületek: 5 perc

Tápérték adatok

Egy adag: 240 ml

A szakács jegyzetei

Érték adagonként	
Kalória	175
Zsírkalória (32%)	56
	% Napi adag
Összes zsír 6,5 g	10%
Telített zsír 3,8 g	19%
Koleszterin 12,8 mg	4%
Nátrium 224 mg	9%
Kálium 660 mg	19%
Összes szénhidrát 29,5 g	10%
Rost 5,6 g	22%
Cukor 12,7 g	
Protein 3,6 g	7%

*Sütőtök fűszer keverék: ½ kiskanál őrölt fahéj, ¼ kiskanál őrölt gyömbér, 1/8 kiskanál szegfűszeg, 1/8 kiskanál szerecsendió

Yuletide ital

Használjuk a nyers kesu diót, ne a sós, pörkölt fajtát.

480 ml mandula tej (bio, édesítő nélkül)
75 g kesu dió
1 nagy hámozott, tört és fagyasztott banán
3 magozott és apróra vágott datolya
1 kiskanál vanília kivonat
1 kiskanál fahéj ízű lenmag olaj
1 kiskanál juhar szirup
¼ kiskanál őrölt szerecsendió
őrölt fahéj a díszítéshez

Elkészítés

1 Tegyük a hozzávalókat egy turmixgépbe és turmixoljuk, amíg sima nem lesz.
2 Öntsük poharakba vagy bögrékbe és fogyasztás előtt hintsünk rá fahéjat.

Adag: 4

Előkészületek: 10 perc

Tápérték adatok

Egy adag: 240 ml

A szakács jegyzetei

Érték adagonként	
Kalória	102
Zsírkalória (22%)	22
	% Napi adag
Összes zsír 2,6 g	4%
Telített zsír, 6 g	3
Koleszterin 0 mg	0%
Nátrium 127,1 mg	5%
Kálium 484 mg	14%
Összes szénhidrát 18,9 g	6%
Rost 2,8 g	11%
Cukor 12,6 g	
Protein 1,8 g	4%

Ez kemény dió! Eleinte csak tengeri halakat készítettem, ezen belül is inkább tengeri sügért, kagylókat és rákot. A darált húsok helyett finomra vágott gombát használtam és fokozatosan adagoltam hozzá valódi húst a gomba mellé. Csirkét jóval később kezdtem használni, abból is a lédúsabb sötét húsokat.

Kolbásszal töltött gomba (83. oldal)

Sült burgonya húsos mártással (71. oldal)

Svájci mángold pite (89. oldal)

Isten gyalulta tök gombagombócokkal (86. oldal)

Sült burgonya húsos mártással

A szerény burgonya, mit is tennénk nélküle? Ez a recept nagyon kellemes hideg téli estéken.

1 kiskanál olíva olaj
170 g apróra vágott gomba
115 g darált marhahús
½ közepes, apróra vágott hagyma
½ kiskanál zúzott fokhagyma
só és frissen őrölt bors ízlés szerint
240 ml vodka mártás (vagy rendes spagetti szósz)
1 közepes sült burgonya, melegen tartva
reszelt parmezán sajt a díszítéshez

Elkészítés

1 Egy közepes méretű serpenyőben melegítsünk olíva olajat közepes lángon. Tegyük bele a gombát és pirítsuk, amíg világosbarna lesz.
2 Adjuk hozzá a darált marhahúst és pirítsuk, amíg elveszíti rózsaszín árnyalatát, kb. 8 percig. Sülés közben krumplinyomóval törjük darabokra a húst.
3 Tegyük hozzá a hagymát, fokhagymát, ízesítsük sóval, frissen őrölt borssal. Süssük tovább, amíg a hagyma megpuhul, kb. 5 percig.
4 Öntsük bele a vodkaszószt és lassú tűzön süssük további 5 percig, amíg az ízek összeérnek.
5 Felszolgáláshoz vágjuk ketté a burgonyát, vájjuk ki egy kis késsel és öntsük rá a mártást. Díszítsük reszelt parmezán sajttal.

Adag: 1

Előkészületek: 25 perc
Sütés / főzés: 1 óra

Tápérték adatok

A szakács jegyzetei

Érték adagonként	
Kalória	520
Zsírkalória (22%)	117
	% Napi adag
Összes zsír 13,1 g	20%
Telített zsír 3,0 g	15%
Koleszterin 18,3 mg	6%
Nátrium 1.094 mg	46%
Kálium 2.281 mg	65%
Összes szénhidrát 86 g	29%
Rost 12,8 g	51%
Cukor 28,9 g	
Protein 17,1 g	34%

Tanácsok

A tetején egy kanál tejföllel vagy natúr joghurttal még finomabb.

Sajtos karfiol pite hagymás burgonya héjban

A hagymás burgonya héj nagyszerű glutén mentes variáció. Molly Katzen inspirációja alapján.

A héj:
460 g (2-3 db) hámozott, reszelt burgonya (lehetőleg Yukon Gold)
½ kiskanál só
60 g reszelt hagyma
1 nagy tojás

A töltelék:
3 evőkanál sótlan vaj
230 g apróra vágott hagyma
1 gerezd zúzott fokhagyma
1 közepesfej karfiol, kicsire vágva
¼ kiskanál szárított kakukkfű
½ kiskanál szárított bazsalikom
2 nagy tojás
60 ml tej
230 g reszelt cheddar sajt
paprika díszítéshez

Elkészítés

1. Melegítsük elő a sütőt 200°C-ra.
2. A héj készítéséhez tegyük a reszelt burgonyát egy szűrőedénybe, szórjuk meg sóval és rázzuk le. Tegyük a mosogatóba, hogy lecsurogjon. 10-15 perc múlva nyomkodjuk ki a maradék nedvességet belőle. Tegyük a burgonyát egy keverőtálba és tegyük félre.
3. Adjuk hozzá a reszelt hagymát.
4. Egy kis keverőtálban enyhén verjük fel a tojást és öntsük a hagymás burgonyára. Keverjük jól össze.
5. Egy tortasütő formát fújjunk be olajspray-vel és a keveréket nyomkodjuk szét az aljára és oldalára.
6. Süssük 40-45 percig, amíg megbarnul. Vegyük ki és állítsuk a sütőt 190°C-ra.
7. A töltelék elkészítéséhez egy nagyobb serpenyőben olvasszunk vajat közepes lángon. Pirítsuk a hagymát és a fokhagymát kb. 5 percig. Tegyük bele a karfiolt és szórjuk rá a kakukkfüvet és a bazsalikomot. Takarjuk le és főzzük 10 percig, amíg megpuhul, időnként keverjük meg.
8. Egy kis keverőtálban verjük fel a tojást a tejjel. Tegyük félre.
9. Szórjuk a sajt felét a megsült héj aljára, majd öntsük rá a karfiolos keveréket. Erre szórjuk rá a maradék sajtot, majd a tejjel felvert tojást. Hintsük meg paprikával és süssük 40-45 percig, amíg világosbarna lesz

Adag: 6   Előkészületek: 30 perc   Sütés / főzés: 1 óra és 30 perc

Tápérték adatok

Egy adag: 1/6 pite

A szakács jegyzetei

Érték adagonként	
Kalória	242
Zsírkalória (54%)	131
	% Napi adag
Összes zsír 14,8 g	23%
Telített zsír 8,6 g	43%
Koleszterin 129 mg	43%
Nátrium 362 mg	15
Kálium 547 mg	16%
Összes szénhidrát 18 g	6%
Rost 1,9 g	7%
Cukor 2,5 g	
Protein 10,3 g	21%

Csirke narancs mártásban

Londoni barátom, Tyrell Lewis adta ezt a receptet. Lehet fagyasztani és a zöldségek is variálhatók.

8 bőr és csont nélküli csirke comb
só és bors ízlés szerint
230 g narancs lekvár
60 ml tamari szója szósz
1 evőkanál reszelt narancshéj
2 közepes narancs leve

2 közepes hagyma, darabosra vágva
230 g apró répa, vastagra szeletelve
340 g vörös burgonya, felezve vagy negyedelve
230 g apró portobelló gomba, felezve vagy negyedelve
kuszkusz, rizs vagy tészta köretnek

Elkészítés

1. Jól borsozzuk és sózzuk meg a combokat.
2. Egy közepes keverőtálban keverjük össze a lekvárt, a tamari szója szószt, a reszelt narancshéjat és a narancslevet. Tegyük félre.
3. Egy főzőspray-vel befújt, nagy, tapadásmentes serpenyőben barnítsuk meg a combokat mindkét oldalán, tegyük egy tálra és takarjuk le, hogy meleg maradjon.
4. Ugyanabban a serpenyőben süssük a hagymát és a gombát, amíg levet eresztenek és elkezdenek barnulni, kb. 8 percig. Adjuk hozzá a répát, burgonyát és a narancs lekvár keveréket.
5. Fészkeljük bele a csirke felsőcombokat és a levét, ha eresztett. Fedjük le és lassú tűzön süssük, amíg a zöldségek és a csirke megpuhulnak, kb. 30-35 percig. Időnként keverjük meg.
6. Kuszkusszal, rizzsel vagy tésztával tálaljuk.

Adag: 4

Előkészületek: 15 perc
Sütés / főzés: 30 perc

Tápérték adatok

Egy adag: 2 csirkecomb

A szakács jegyzetei

Érték adagonként	
Kalória	7
Zsírkalória (8%)	56
	% Napi adag
Összes zsír 6,2 g	10%
Telített zsír 1,5 g	8%
Koleszterin 115 mg	38%
Nátrium 258 mg	11%
Kálium 2.767 mg	79%
Összes szénhidrát 139 g	46%
Rost 11,8 g	47%
Cukor 51,7 g	
Protein 38,5 g	77%

Csirke salsa

Ez az egyik valóban könnyű receptem. Mindig van itthon salsa szósz és nagyon gyorsan kész van. Nagyon jól megy a burgonyával és a zsenge borsóval, amit elkészíthetünk, amíg a csirke sül.

4 csirkecomb bőr nélkül csonttal, vagy 6 csirkecomb bőr és csont nélkül
só és bors ízlés szerint
230 g salsa szósz (kedvenc márka)
apróra vágott petrezselyem vagy koriander a díszítéshez

Elkészítés

1 Melegítsük elő a sütőt 190°C-ra.
2 Töröljük szárazra a csirkecombokat, fűszerezzük sóval és frissen őrölt borssal mindkét oldalon.
3 Rendezzük el a combokat egy tepsiben és öntsük rá a salsa szószt, majd süssük 30-35 percig, amíg megpuhul.
4 Tálalás előtt hintsünk rá apróra vágott petrezselymet vagy koriandert.

Adag: 2

Előkészületek: 5 perc
Sütés / főzés: 30 perc

Tápérték adatok

Egy adag: 2 csontos vagy 3 csont nélküli comb

A szakács jegyzetei

Érték adagonként	
Kalória	199
Zsírkalória (25%)	50
	% Napi adag
Összes zsír 5,6 g	9%
Telített zsír 1,4 g	7%
Koleszterin 115 mg	38%
Nátrium 896 mg	37%
Kálium 704 mg	20%
Összes szénhidrát 8,1 g	3%
Rost 2,1 g	8%
Cukor 4 g	
Protein 29,1 g	58%

Tanácsok

Használhatunk halat is (harcsát, tilápiát, tőkehalat vagy laposhalat), ha a csirke nyelése túl nehéz. A sütés idejét megfelelően csökkentsük.

Fahéjas currys csirke

A curry ízekkel teli, mégis lágy.

230 g darált csirke vagy pulyka
60 g apróra vágott hagyma
3 gerezd zúzott fokhagyma
1 kiskanál curry fűszerkeverék
½ kiskanál fahéj
½ kiskanál sütőtök fűszer keverék*
só és frissen őrölt bors, ízlés szerint
víz vagy csirkehúsleves

Elkészítés

1 Főzzük a darált csirkét egy kis vízben, amíg már nem rózsaszín és főzés közben törjük össze. (például krumplinyomóval).
2 Adjuk hozzá a többi hozzávalót és lassú tűzön forraljuk 10-15 percig, amíg az ízek összeérnek. Ízlés szerint sózzuk, borsozzuk.

Adag: 2

Előkészületek: 10 perc
Sütés / főzés: 20 perc

Tápérték adatok

Egy adag: 230 g

A szakács jegyzetei

Érték adagonként	
Kalória	134
Zsírkalória (19%)	25
	% Napi adag
Összes zsír 2,8 g	4%
Telített zsír, 6 g	3%
Koleszterin 63,5 mg	21%
Nátrium 118 mg	5%
Kálium 435 mg	12%
Összes szénhidrát 4,8 g	2%
Rost 1,2 g	5%
Cukor 1 g	
Protein 21,8 g	44%

*Sütőtök fűszer keverék: ½ kiskanál őrölt fahéj, ¼ kiskanál őrölt gyömbér, $^{1}/_{8}$ kiskanál szegfűszeg, $^{1}/_{8}$ kiskanál szerecsendió

Latin lasagna

A főzőbanán príma tésztahelyettesítő. Köszönet az ötletért Ingrid Hoffmannak a Food Chaneltől.

58 g sótlan vaj
1 közepes, apróra vágott hagyma,
só és bors, ízlés szerint
60 g normál liszt
1 evőkanál őrölt kömény
480 ml csirkehúsleves
240 ml tejszín
460 g reszelt borsos Monterey Jack sajt

170 g nyers chorizo kolbász, bőr nélkül
450 g darált csirke vagy pulyka
2 evőkanál Worcestershire szósz
1 evőkanál friss citromlé
1 kiskanál szárított oregánó
4 nagy nyers, fekete félbevágott főzőbanán hosszában szeletelve
paprika, díszítéshez, (ízlés szerint)

Elkészítés

1 Melegítsük elő a sütőt 175°C-ra. Fújjunk be egy 23 x 30 cm-es hőálló tálat olajspray-vel

2 Egy közepes serpenyőben, közepes tűzön olvasszunk vajat. tegyük bele a hagymát, ízesítsük sóval, borssal és pirítsuk, amíg a hagyma áttetszővé válik

3 Keverjük bele a lisztet és a köményt és kevergetve süssük 1 percig. Kevergetve öntsük bele a levest, vigyázzunk, hogy ne csomósodjon. Tegyük bele a tejszínt és keverés mellett süssük, amíg sűrű és sima lesz kb. 8-10 percig.

4 Tegyük bele a sajt felét és kevergessük, amíg felolvad. Vegyük le a tűzről és takarjuk le folpack fóliával, hogy ne bőrösödjön.

5 Egy nagyobb serpenyőben közepes tűzön törjük szét a kolbászt egy krumplinyomóval. Tegyük bele a darált csirkét (vagy pulykát) és kevergetve, nyomkodva süssük, amíg már nem rózsaszín, 8-10 percig. Ha sok zsírt eresztett, öntsük le, adjuk hozzá a Worchestershire szószt, a citromlevet, oregánót és ízesítsük sóval, borssal

6 Osszuk a főzőbanán szeleteket 3 adagra. Az első adaggal fedjük le a hőálló tál alját. Erre egyenletesen kenjük szét a hús keverék felét. Erre tegyük rá a sajtos szósz felét és kenjük el egyenletesen egy spatulával.

7 Tegyük rá a második adag főzőbanán szeleteket, hogy letakarja, erre a hús keverék másik felét és a maradék sajt szószt.

8 Fedjük be a harmadik adag főzőbanánnal és szórjuk meg a maradék reszelt sajttal. Hintsük meg paprikával, ha kívánjuk, majd süssük 45 - 60 percig, amíg a sajt megbarnul. Hagyjuk 5 percig hűlni mielőtt felszeleteljük és tálaljuk.

Adag: 8 Előkészületek: 30 perc Sütés / főzés: 1 óra

Tápérték adatok

Egy adag: 1/8 lasagna

Érték adagonként	
Kalória	538
Zsírkalória (48%)	260
	% Napi adag
Összes zsír 28,9 g	44%
Telített zsír 14 g	7
Koleszterin 115 mg	38%
Nátrium 557 mg	23%
Kálium 676	19%
Összes szénhidrát 38,7 g	13%
Rost 2,7 g	11%
Cukor 16,2 g	
Protein 32,7 g	65%

A szakács jegyzetei

Gombás-sajtos quiche

Ez a recept a Moosewood Cookbook-ból való. 1977-ben publikálták és az enyém már szétesőben van, de nagyon szeretem és gyakran használom. És mellesleg, az igazi férfi is eszik quiche-t!

1 (23 cm) nyers pite tészta lap (pite féle)
340 g reszelt gruyère sajt, (vagy más félkemény sajt)
2 evőkanál sótlan vaj
230 g vékonyra szeletelt zöldhagyma (a sötétzöld része nélkül)
115 g szeletelt hagyma

355 ml író
4 nagy felvert tojás, (vagy 170 g tojásfehérje)
3 evőkanál liszt
¼ kiskanál só
¼ kiskanál száraz mustár
½ kiskanál reszelt torma
¼ kiskanál szárított kakukkfű

Elkészítés

1 Melegítsük elő a sütőt 190°C-ra.
2 Szórjuk a reszelt sajtot egyenletesen a tésztalap aljára.
3 Egy közepes serpenyőben olvasszunk vajat és pirítsuk a gombát és a zöldhagymát, amíg megpuhulnak, kb. 10 percig. Morzsoljuk szét a szárított kakukkfüvet az ujjunk között, hogy kiengedje az aromáját és szórjuk a hagymára. Ízesítsük sóval, borssal, majd öntsük a sajt tetejére.
4 A turmixgépben dolgozzuk össze az írót, tojást, mustárt és a tormát. Öntsük a keveréket a hagymás gomba tetejére. Tegyük a tésztalapot egy tepsibe és süssük 40-45 percig, amíg megkeményedik.

Adag: 6

Előkészületek: 15 perc
Sütés / főzés: 45 perc

Tápérték adatok

Egy adag: 1/6 quiche

A szakács jegyzetei

Érték adagonként	
Kalória	424
Zsírkalória (56%)	239
	% Napi adag
Összes zsír 26,8 g	41%
Telített zsír 13 g	65%
Koleszterin 169 mg	56%
Nátrium 447 mg	19%
Kálium 300 mg	9%
Összes szénhidrát 28,5 g	10%
Rost 1,3 g	5%
Cukor 4,7 g	
Protein 17,1 g	34%

Gombás burger

A burger nagyon lédús, ezért egyszerűbb késsel-villával enni, mint zsömlében.

- 3 evőkanál olíva olaj
- 680 g darabosra vágott gomba (mint például portobelló)
- 1 közepes, reszelt, édes, hagyma
- 3 kiskanál zúzott fokhagyma
- 150 g quinoa pehely
- 75 g reszelt Parmigiano-Reggiano sajt (parmezán)
- 170 g panko vagy prézli
- 2 nagy tojás, enyhén felverve
- 1 evőkanál apróra vágott petrezselyem
- 1 kiskanál szárított bazsalikom levél
- ¾ kiskanál só
- ¼ kiskanál fekete bors

Elkészítés

1. Egy nagy tapadásmentes serpenyőben melegítsünk olajat közepes lángon. Pirítsuk meg a hagymát, gombát és a fokhagymát, amíg a gomba elkezdi a levét ereszteni és megbarnul, kb. 10 percig. Vegyük le a tűzről és tegyük egy nagyobb keverőtálba.
2. Tegyük hozzá a maradék hozzávalókat (az olaj kivételével) és alaposan keverjük össze, Tegyük félre és hagyjuk hűlni kb. 15 percig.
3. Osszuk a lehűlt keveréket 4 egyenlő részre és formáljunk belőlük lapos pogácsákat.
4. A maradék olajat melegítsük fel ugyanabban a serpenyőben. Kb. 5 percig süssük a pogácsákat, amíg arany barnára válnak.
5. Tálaljuk ízlés szerint paradicsomkarikákkal, apróra vágott hagymával vagy savanyított zöldséggel, stb.

Adag: 4

Előkészületek: 15 perc
Sütés / főzés: 15 perc

Tápérték adatok

Egy adag: 1 gombás burger

A szakács jegyzetei

Érték adagonként	
Kalória	289
Zsírkalória (49%)	140
	% Napi adag
Összes zsír 15,9 g	24%
Telített zsír 3,7 g	19%
Koleszterin 100 mg	33
Nátrium 627	26%
Kálium 651 mg	19%
Összes szénhidrát 24 g	8%
Rost 4,3 g	17%
Cukor 5,5 g	
Protein 15,1 g	30%

Stroganoff gomba

Ennek a fogásnak a portobelló gomba ad egy kis húsos ízt és sokkal lágyabb állaga van, mint a húsnak. Nem fogjuk érezni a hús hiányát.

1 evőkanál olíva olaj
2 evőkanál sótlan vaj
1 közepes sárga hagyma, apróra vágva
4 nagy portobelló kalapja, apróra vágva.
só és bors ízlés szerint
240 ml marhahúsleves (kockából)
1 evőkanál liszt
180 ml tejföl
1½ evőkanál apróra vágott friss kapor
½ evőkanál Worcestershire szósz

Elkészítés

1 Egy nagy serpenyőben közepes lángon melegítsük a vajat és az olajat. Tegyük bele a hagymát és pirítsuk, amíg megfonnyad, kb. 3 percig.
2 Adjuk hozzá a gombát és barnítsuk meg, időnként megkeverve, kb. 8 percig. Öntsük bele a Worcestershire szószt, sózzuk, borsozzuk ízlés szerint, majd keverjük bele a marhahúsleves sűrítményt. Pirítsuk 5 percig.
3 Amikor a gomba már puha, keverjük simára a lisztet és a tejfölt és lassan keverjük bele a piruló hagymás gombába.
4 Szórjuk rá a kaprot és ízlés szerint fűszerezzük.

Adag: 4

Előkészületek: 30 perc
Sütés / főzés: 20 perc

Tápérték adatok

Egy adag: 230 g

A szakács jegyzetei

Érték adagonként	
Kalória	336
Zsírkalória (60%)	201
	% Napi adag
Összes zsír 22,8 g	5%
Telített zsír 12,1 g	61%
Koleszterin 55,4 mg	18%
Nátrium 214 mg	9%
Kálium 416 mg	12
Összes szénhidrát 28,5 g	10%
Rost 4,1 g	16%
Cukor 2,7 g	
Protein 7,5 g	15%

Rakott krumpli

Ez egy egyszerű magyar étel főtt, szeletelt burgonyával. Reszelt, fagyasztott burgonyából gyorsabban készül el és lenyelni is könnyebb. Vegetáriánus verzió is készíthető a kolbász elhagyásával.

2 evőkanál sótlan vaj, kettéosztva
1 nagy vékonyra szeletelt hagyma
1 kiskanál só
őrölt bors, ízlés szerint
455 g fagyasztott reszelt nyers burgonya
4 vékonyra szeletelt kemény tojás
340 g kolbász (vékonyra szeletelve)
240 ml tejföl
csipet magyar csemege paprika

Elkészítés

1. Melegítsük elő a sütőt 190°C-ra. Vajazzunk ki egy szögletes hőálló tálat egy evőkanálnyi vajjal és tegyük félre.
2. Egy nagy serpenyőben olvasszuk fel a maradék vajat, tegyük bele a hagymát és süssük, amíg megbarnul, 20-25 percig. Ízlés szerint sózzuk, borsozzuk.
3. Összeállítás: Egy rétegben tegyük a fagyasztott burgonya felét a hőálló tál aljára és egyenletesen kenjük rá a hagyma felét, a szeletelt tojás felét, a szeletelt kolbász felét és a tejföl felét. Ismételjük meg a rétegezést, a tejföllel befejezve, majd hintsünk rá egy csipet paprikát.
4. Süssük 45 percig, amíg a burgonya egészen megpuhul (ezt egy kés beszúrásával ellenőrizhetjük). Hagyjuk 5-10 percig pihenni tálalás előtt.

Adag: 4

Előkészületek: 30 perc
Sütés / főzés: 45 perc

Tápérték adatok

Egy adag: 340 g

A szakács jegyzetei

Érték adagonként	
Kalória	732
Zsírkalória (65%)	76
	% Napi adag
Összes zsír 53,4 g	82%
Telített zsír 22,8 g	114%
Koleszterin 375 mg	125%
Nátrium 2.740 mg	114%
Kálium 515 mg	15%
Összes szénhidrát 31,3 g	10%
Rost 2,2 g	9%
Cukor 4,3 g	
Protein 33 g	66%

Rakott tök

Ez egy könnyű mégis kielégítő étel.

- 1 (425 g) doboz édesítő nélküli tök püré (vagy sült pézsmatök püré)
- 1 evőkanál olíva olaj
- 115 g apróra vágott hagyma
- 1 gerezd darált fokhagyma
- ½ kiskanál őrölt kömény
- ¼ kiskanál őrölt koriander
- ¼ kiskanál füstölt paprika
- 170 g apróra vágott sült piros paprika
- ½ kiskanál só
- frissen őrölt feketebors
- 455 g fagyasztott morzsolt kukorica
- 2 nagy tojás, enyhén felverve
- 230 g reszelt cheddar vagy Monterey Jack sajt

Elkészítés

1. Kanalazzuk a tök pürét egy nagyobb edénybe.
2. Egy közepes serpenyőben melegítsük az olíva olajat közepesen magas lángon. Pörköljük a hagymát, fokhagymát és a fűszereket közepesen magas lángon, amíg a hagyma áttetszővé válik és a fűszerek kiadják az illatukat, kb. 8 percig.
3. Adjuk hozzá a sült paprikát, sót és borsot és hagyjuk lassú tűzön még 5 percig. Tegyük bele a tököt a kukoricával és a tojással, keverjük jól el.
4. Egy 2 literes serpenyőt fújjunk be olajjal, tegyük bele a keveréket, majd szórjuk rá a sajtot. Ezután takarjuk le alufóliával.
5. Süssük 20 percig, vegyük le az alufóliát, majd süssük további 15 percig. Ha a közepébe beleszúrt kés tisztán jön ki, akkor kész van.

Adag: 4

Előkészületek: 15 perc
Sütés / főzés: 35 perc

Tápérték adatok

Egy adag: ¼ rész kb. 285 g

A szakács jegyzetei

Érték adagonként	
Kalória	302
Zsírkalória (47%)	142
	% Napi adag
Összes zsír 16,2 g	25%
Telített zsír 7,5 g	37%
Koleszterin 123 mg	41%
Nátrium 1.001 mg	42
Kálium 578 mg	17%
Összes szénhidrát 29,3 g	10%
Rost 6,4 g	26%
Cukor 7,7 g	
Protein 14,1 g	28%

Lecsós pite

A sütemény alap majdnem puding-szerű állagot biztosít és a puha zöldségek kellemes érzést adnak a szájban.

2 evőkanál sótlan vaj
1 evőkanál olíva olaj
230 g apróra vágott cukkini
230 g hámozott, kockára vágott padlizsán
115 g apróra vágott hagyma
1 darált közepes gerezd fokhagyma
115 g apróra vágott pirított csemege paprika
115 g apróra vágott paradicsom
¾ kiskanál só
¼ kiskanál fekete bors
½ kiskanál szárított, tört bazsalikom
¼ kiskanál szárított, tört kakukkfű
230 g reszelt Monterey Jack sajt
355 ml tej
115 g tejföl vagy natúr joghurt
170 g sütemény alap
3 nagy tojás

Elkészítés

1 Melegítsük elő a sütőt 200°C-ra. Egy mély pite-tálat fújjunk be olajspray-vel és tegyük félre.
2 Egy nagy serpenyőben közepes-magas lángon olvasszunk vajat olíva olajjal együtt. Tegyük bele a zöldségeket, főzzük, kevergessük, amíg lágy-ropogós nem lesz, 8-10 percig. Adjuk hozzá a fűszereket és kevergessük, amíg jól összeáll.
3 Kenjük a keveréket a pite-tál aljára és szórjuk meg sajttal.
4 A maradék hozzávalókat tegyük egy turmixgépbe és turmixoljuk kb. 1 percig.
5 Öntsük a pite-tálba, a pite-tálat tegyük egy tepsire és süssük 35-40 percig, amíg a pite összeáll. Hagyjuk 5 percig hűlni tálalás előtt.

Adag: 6

Előkészületek: 20 perc
Sütés / főzés: 35 perc

Tápérték adatok

Egy adag: 1/6 pite

A szakács jegyzetei

Érték adagonként	
Kalória	280
Zsírkalória (57%)	159
	% Napi adag
Összes zsír 18 g	28%
Telített zsír 8,6 g	43%
Koleszterin 126 mg	42%
Nátrium 619 mg	26%
Kálium 349 mg	10
Összes szénhidrát 17,5 g	6%
Rost 1,7 g	7%
Cukor 7,9 g	
Protein 12,4 g	25%

Kolbásszal töltött gomba

A portobelló gomba nagyszerűen alkalmas arra, hogy megtöltsük. A kolbász túróval keverve alapos főételé teszi.

2 nagy portobelló gomba, szára és a lemezek nélkül
115 g nyers, édes olasz kolbász, bőre nélkül
2 evőkanál Parmezán sajt
2 evőkanál túró
120 ml paradicsomszósz
1 evőkanál habtejszín

Elkészítés

1 Melegítsük elő a sütőt 175°C-ra.
2 Tisztítsuk meg a gombákat és tegyük egy főzőolajjal befújt fóliával kibélelt tepsibe. Süssük 10-15 percig, amíg elkezd puhulni. Vegyük ki a sütőből és engedjük kicsit hűlni.
3 Közben egy tapadásmentes serpenyőben barnítsuk meg a kolbászt és törjük szét egy fakanállal. Öntsük le a levét és vegyük le a tűzről, hagyjuk kicsit hűlni. Keverjük bele a túrót és kanalazzuk bele a gombafejekbe.
4 Süssük 175°C-on kb. 20 percig.
5 Egy kis serpenyőben óvatosan melegítsük fel a paradicsomszószt a habtejszínnel.
6 Tegyük a gombákat egy tálra, kanalazzuk rá a paradicsomszószt és hintsük meg Parmezán sajttal.

Adag: 2

Előkészületek: 10 perc
Sütés / főzés: 30 perc

Tápérték adatok

Egy adag: 1 gombafej

A szakács jegyzetei

Érték adagonként	
Kalória	228
Zsírkalória (62%)	141
	% Napi adag
Összes zsír 15,9 g	25%
Telített zsír 5,8 g	29%
Koleszterin 60,4 mg	20%
Nátrium 844 mg	35%
Kálium 538 mg	15%
Összes szénhidrát 8,5 g	3%
Rost 2 g	8%
Cukor 5,3 g	
Protein 14,9 g	30%

Shepherd's pie

Ez egy hagyományos hangulat-étel.

450 g hámozott, kockára vágott burgonya
120 ml habtejszín
1 evőkanál sótlan vaj
frissen reszelt szerecsendió
1½ kiskanál só, elosztva
¾ kiskanál fekete bors, elosztva
1 evőkanál olíva olaj
450 g darált marhahús (bárány, pulyka, csirke)
1 nagy apróra vágott hagyma
1 babérlevél
115 g szeletelt gomba
1 evőkanál paradicsompüré
2 evőkanál liszt
1 kiskanál Worcestershire szósz
¼ kiskanál folyékony füst (ízlés szerint)
295 ml marhahúsleves
340 g fagyasztott borsó és répa
115 g reszelt cheddar sajt (erős)
1 kiskanál füstölt paprika (ízlés szerint)

Elkészítés

1. Melegítsük elő a sütőt 200°C-ra. Fújjunk be egy 2,4 literes serpenyőt olajspray-vel és tegyük félre.
2. Tegyük a burgonyákat egy közepes serpenyőbe és öntsünk rá annyi vizet hogy 2.5 cm-re elfedje. Forraljuk fel, majd lassú tűzön főzzük, amíg megpuhul, kb. 15-20 percig. Utána öntsük le róla a vizet. Lassú tűzön törjük össze krumpli törővel és adjuk hozzá a habtejszínt, vajat, szerecsendiót, a fél kiskanál sót és a negyed kiskanál borsot. Kevergessük, amíg lágy és krémszerű lesz.
3. Közben egy nagyobb serpenyőben melegítsünk olíva olajat közepes tűzön, tegyük bele a darált húst, keverjük el jól, amíg megbarnul, kb. 5 percig.
4. Adjuk hozzá a hagymát, egy kiskanál sót, a füstölt paprikát (ízlés szerint) fél kiskanál borsot és a babérlevelet, majd kevergetve süssük még 2-3 percig.
5. Tegyük hozzá a gombát és pirítsuk, amíg elkezd nedvet ereszteni, kb. 4 percig. Adjuk hozzá a paradicsompürét és kevergetve süssük még 1-2 percig, amíg elkezd illatozni.
6. Hintsük meg liszttel, majd kevergetve süssük még 1 percig. Adjuk a Worcestershire szószt és a folyékony füstöt (ízlés szerint) a marhahúsleveshez és kevergetés közben fokozatosan öntsük a darált húsra. Forraljuk fel, majd lassú tűzön főzzük, amíg besűrűsödik, kb. 20 percig.
7. Öntsük a húskeveréket egy lábasba. Tegyük rá a borsót és a répát.
8. Erre tegyük a krumplipürét, hogy majdnem betakarja, de hagyjunk körbe kb. 1 cm-es keretet, majd szórjuk meg sajttal. Tegyük a lábast egy tepsire (nehogy kibugyogjon).
9. Süssük 10-15 percig, amíg a sajt megolvad és kicsit megbarnul.

Adag: 4, Előkészületek: 15 perc Sütés/főzés: 30 perc

Tápérték adatok

Egy adag: ¼ pite

A szakács jegyzetei

Érték adagonként	
Kalória	435
Zsírkalória (51%)	223
	% Napi adag
Összes zsír 25,2 g	39%
Telített zsír 10,7 g	54%
Koleszterin 65,3 mg	22%
Nátrium 1.494 mg	62
Kálium 1.2001 mg	34%
Összes szénhidrát 40,7 g	14%
Rost 4,6 g	18%
Cukor 3,1 g	
Protein 14,4 g	29%

Lucskos ragu

Először Ottawában, Kanadában ettem lucskos ragut. Ez volt a kedvence fogadott apám, Paul Freisen családjának, a húszas éveim elején. Általában ez az étel darált marhahús, paradicsom, paradicsomszósz és makaróni kombinációja, de Paul a sheperd's pie-hoz hasonlóan krumplipürével takarta be, miután összeállította a darált marhahúst, spagetti szószt sárgabab rétegekkel. Az én változatomban a marhahúst fiatal portobelló gombára cseréltem, de a krumplipürét és a babot meghagytam, mert azokat könnyű lenyelni.

- 2 db hámozott, kockázott Russet* burgonya
- 60 ml felmelegített habtejszín
- 1 evőkanál sótlan vaj és még egy kicsi a díszítéshez
- 1 evőkanál olíva olaj
- 115 g apróra vágott hagyma
- 230 g darált gomba, (fiatal portobelló)
- 230 g vodka szósz (vagy közönséges spagetti szósz)
- só és bors ízlés szerint
- 1 (410 g) doboz sárga vagy zöldbab, lecsurgatva, leöblítve
- csipet paprika

Elkészítés

1 Melegítsük elő a sütőt 190°C-ra.
2 Forraljuk a burgonyát sós vízben, amíg megpuhul, 15-20 percig. Öntsük le róla a vizet, törjük össze és keverjük el simára a meleg habtejszínnel.
3 Olvasszunk vajat olíva olajjal egy 25 cm-es serpenyőben közepes lángon. Pirítsuk meg benne a hagymát, amíg áttetsző nem lesz, kb. 8 percig, tegyük hozzá a gombát és süssük további 8-10 percig.
4 Keverjük bele a vodka vagy a spagetti szószt és adjuk hozzá ízlés szerint a sót és borsot. Lassú tűzön süssük pár percig. Öntsük az egészet egy másfél literes hőálló tálba.
5 Terítsük a babot a gomba keverékre. Óvatosan tegyük rá a krumplipürét és simítsuk hozzá az edény széléhez. Szórjunk rá apró vajdarabokat, majd hintsük meg paprikával.
6 Süssük 20-25 percig, amíg enyhén megbarnul. Hagyjuk 5 percig hűlni tálalás előtt.

Adag: 4
Előkészületek: 20 perc
Sütés / főzés: 30 perc

Tápérték adatok

Egy adag: 230 g

Érték adagonként	
Kalória	225
Zsírkalória (54%)	121
	% Napi adag
Összes zsír 13,8 g	21%
Telített zsír 6,2 g	31%
Koleszterin 29,3 mg	10%
Nátrium 368 mg	15%
Kálium 571m	16
Összes szénhidrát 22,9 g	8%
Rost 3,9 g	16%
Cukor 8,5 g	
Protein 4,3 g	9%

A szakács jegyzetei

* Sültburgonyának való fajta

Isten gyalulta tök gombagombócokkal

Ha tehetem, Nate's Savory Mushroom Meatless Meatball-t használok, a Whole Foods-tól. Ezek már kész gombagombócok. Könnyen nyelhetőek és nagyon finomak. A gombócok nincsenek benne a kalóriatáblázatban, 3 gombóc 100 kalória.

1 kis Isten gyalulta tök, félbevágva, kimagozva
340 g vodka szósz (vagy spagetti szósz)
6 kész gombagombóc (lásd fenn)
parmezán sajt a tálaláshoz

Elkészítés

1 Melegítsük elő a sütőt 200°C-ra.
2 A tököt vágott felével lefelé tegyük egy fóliával bélelt és olajspray-vel befújt tepsibe. Süssük kb. 45 percig, amíg megpuhul.
3 Egy közepes méretű lábasban lassan melegítsük fel a szószt és a gombócokat, kb. 15-20 percig.
4 Amikor a tök megsült, egy villával keresztirányban kaparjuk ki a spagetti szerű rostokat. Tegyük a szálakat tányérokra és tegyünk rájuk 3-3 gombócot, kanalazzuk rá a szószt és szórjuk meg egy csipet parmezán sajttal.

Adag: 2

Előkészületek: 10 perc
Sütés / főzés: 45 perc

Tápérték adatok

Egy adag: ½ tök 3 gombóccal, a szósz fele

A szakács jegyzetei

Érték adagonként	
Kalória	239
Zsírkalória (27%)	65
	% Napi adag
Összes zsír 7,2 g	11%
Telített zsír 1,9 g	9%
Koleszterin 5,1 mg	2%
Nátrium 1.062 mg	44%
Kálium 867 mg	25%
Összes szénhidrát 38,9 g	13%
Rost 6,7 g	27%
Cukor 22,7 g	
Protein 4,9 g	10%

Rakott sajtos spenót

Ez egy egyszerű étel, sütemény alappal.

230 g sütemény alap
60 ml kész csirkehúsleves
4 nagy tojás (2 a sütemény alaphoz, 2 a spenót keverékhez)
60 g hagyma apróra vágva
1 (285 g) csomag fagyasztott, kiolvasztott, kinyomkodott spenót
115 g füstölt, reszelt gouda sajt
340 g túró
2 gerezd zúzott fokhagyma
1 kiskanál olaszos fűszer
frissen reszelt szerecsendió
115 g reszelt parmezán sajt

Elkészítés

1 Melegítsük elő a sütőt 190°C-ra.
2 Fújjunk be egy közepes főzőtálat olajspray-vel.
3 Egy közepes keverőtálban keverjük össze a sütemény alapot, a csirkehúslevest, a 2 tojást és a hagymát, kb. 20 erőteljes keverő mozdulattal.
4 Öntsük a főzőtálba.
5 Egy nagy tálban keverjük össze a maradék hozzávalókat és egyenletesen kanalazzuk a süteményalapos keverékre. Süssük kb. 30 percig, amíg összeáll.
6 Hagyjuk 5 percig hűlni, mielőtt kockákra vágjuk.

Adag: 8

Előkészületek: 15 perc
Sütés / főzés: 35 perc

Tápérték adatok

Egy adag: 230 g

A szakács jegyzetei

Érték adagonként	
Kalória	231
Zsírkalória (45%)	104
	% Napi adag
Összes zsír 11,8 g	18%
Telített zsír 5,5 g	27%
Koleszterin 120 mg	40%
Nátrium 632 mg	26%
Kálium 224 mg	6
Összes szénhidrát 14,3 g	5%
Rost 1,5 g	6%
Cukor 4,5 g	
Protein 16,8 g	34%

Töltött csemegepaprika

Ez nagyon jól néz ki teljes kiőrlésű kuszkusz tetején felszolgálva.

2 nagy csemegepaprika (piros, sárga vagy zöld)
3 vékonyra szeletelt zöldhagyma,
4 apróra vágott közepes gomba
1 evőkanál darált napon szárított paradicsom (olaj nélkül)
1 evőkanál apróra vágott friss petrezselyem
60 g konzerv bab (lehetőleg vajbab)
4 evőkanál apróra vágott szárított sárgabarack
só és bors ízlés szerint
2 evőkanál reszelt parmezán sajt

Elkészítés

1. Melegítsük elő a sütőt 190°C-ra. Közben forraljunk vizet.
2. Vágjuk ketté a paprikákat és dobjuk ki a magját és az ereit. Tegyük a paprikákat egy hőálló tálba és öntsünk rá annyi forró vizet, hogy ellepje. Takarjuk le fóliával és hagyjuk 10 percig. Utána óvatosan öntsük le róla a vizet és tegyük félre.
3. Egy közepes keverőtálban a sajt kivételével keverjük össze a többi hozzávalókat. Fűszerezzük sóval és borssal ízlés szerint és kanalazzuk a keveréket a fél paprikákba, majd szórjuk meg a reszelt sajttal.
4. Öntsünk óvatosan kb. 4 cm magasan forró vizet a paprikák köré, lazán takarjuk le fóliával és süssük a sütőben kb. 25 percig, míg a paprikák megpuhulnak.
5. Egy nagyobb konyhai csipesszel óvatosan tegyük a paprikákat egy tálra.

Adag: 2

Előkészületek: 30 perc
Sütés / főzés: 30 perc

Tápérték adatok

Egy adag: 2 fél paprika

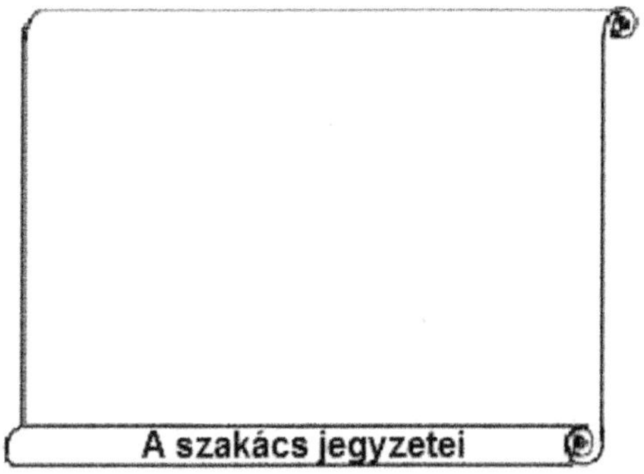

Érték adagonként	
Kalória	272
Zsírkalória (9%)	24
	% Napi adag
Összes zsír 2,8 g	4%
Telített zsír 1,1 g	5%
Koleszterin 4,4 mg	1%
Nátrium 152 mg	6%
Kálium 1.713 mg	49%
Összes szénhidrát 51,3 g	17%
Rost 13,7 g	55%
Cukor 20,9 g	
Protein 15,5 g	31%

Svájci mángold pite

A svájci mángoldot zsenge spenóttal is lehet helyettesíteni.

1 evőkanál extra szűz olívaolaj
3 vastag szelet apróra vágott bacon-szalonna
1 kis, apróra vágott hagyma
1 gerezd zúzott fokhagyma
1 csokor svájci mángold, (kelkáposzta vagy mustár zöldje)
3 nagy tojás
230 g tejföl
só és bors ízlés szerint
115 g reszelt gruyère sajt
1 maréknyi vörös áfonya (vagy mazsola)
1 maréknyi pirított fenyőmag
1 készen vett (23 cm-es) nyers pite alap

Elkészítés

1. Melegítsük elő a sütőt 190°C-ra.
2. Egy nagy, tapadásmentes serpenyőben közepes tűzön melegítsünk olíva olajat. Tegyük bele a bacon szalonnát és pirítsuk ropogósra, 4-5 percig. Adjuk hozzá a hagymát és a fokhagymát, kevergessük, amíg a hagyma áttetszővé válik, 3-4 percig. Tegyük egy tányérra és tegyük félre.
3. Húzzuk le a mángold leveleket a szárukról úgy, hogy végighúzzuk ujjainkat a szár két oldalán. A szárakat dobjuk el és a leveleket vágjuk vékony csíkokra.
4. Tegyük a leveleket a serpenyőbe és fonnyasszuk meg a szalonna zsírján és a vízen, ami a leveleken maradt, kevergessük, forgassuk, kb. 5 percig. Gyorsabban megy, ha lassú tűzön lefedve hagyjuk pár percig.
5. Egy nagy mérőedényben verjük fel a tojást a tejföllel, fűszerezzük sóval és borssal.
6. A tojáskeverék kivételével egy nagy tálban alaposan keverjük össze az összes hozzávalót. Öntsük a keveréket a pite alapra, majd öntsük rá a tojásos keveréket. Tegyük egy tepsire és süssük 30-35 percig, amíg összeáll. Kicsit hagyjuk hűlni szeletelés és tálalás előtt.

Adag: 8

Előkészületek: 15 perc
Sütés / főzés: 45 perc

Tápérték adatok

Egy adag: 1/8 pite

A szakács jegyzetei

Érték adagonként	
Kalória	529
Zsírkalória (70%)	373
	% Napi adag
Összes zsír 42,5 g	65
Telített zsír 13,9 g	69%
Koleszterin 121 mg	40%
Nátrium 316 mg	13%
Kálium 267 mg	8%
Összes szénhidrát 25,8 g	9%
Rost 2 g	8%
Cukor 1,4 g	
Protein 13,1 g	26%

Krémes csirke pite polentával

Ezért a receptért Rachel Raynak tartozom. Sosem voltam nagy kedvelője a polentának, de ez olyan lágy és ízletes, hogy hozzávalóként egyre többször használom.

2 evőkanál olíva olaj
450 g apróra vágott bőr nélküli, kicsontozott csirkecomb
225 g apróra vágott csirkemell
2 közepes apróra vágott répa
1 közepes, apróra vágott hagyma
2 szál, apróra vágott zeller
só és frissen őrölt bors, ízlés szerint
710 ml csirkehúsleves
240 ml habtejszín, kettéosztva
75 g gyors főzésű polenta
230 g reszelt gruyère sajt
2 evőkanál sótlan vaj
2 evőkanál fehér liszt
2 kiskanál Dijoni mustár
4 evőkanál apróra vágott friss tárkony
230 g fagyasztott zsenge borsó

Elkészítés

1 Egy mély serpenyőben melegítsük fel az extra szűz olíva olajat közepesnél kicsit magasabb lángon. Enyhén pirítsuk meg a csirkét, kb. 3 percig. Adjuk hozzá a répát, hagymát, zellert, fűszerezzük sóval, borssal és süssük 10-12 percig, amíg a zöldségek megpuhulnak.
2 Melegítsük elő a grillt és tegyük a rácsot középre
3 Egy közepes méretű serpenyőben forraljunk fel 240 ml csirkehúslevest és a habtejszínt, keverjük bele a polentát és kevergessük kb. 3 percig. Vegyük lejjebb a lángot, keverjük bele a sajtot és tegyük félre.
4 Kaparjuk le a serpenyő oldaláról a csirke-zöldség keveréket, olvasszuk bele a vajat, szórjuk bele a lisztet és kevergessük 1 percig. Utána keverjük bele alaposan a maradék csirkét. Adjuk hozzá a maradék habtejszínt és forraljuk fel. Keverjük bele a mustárt, a tárkonyt, a fagyasztott borsót, sózzuk, borsozzuk ízlés szerint.
5 Osszuk szét a keveréket salátás tálakba és tegyük őket egy tepsire. Tegyük a polenta keveréket a pitékre és grillezzük, amíg megbarnul, 2-3 percig.
6 Tálalás előtt hagyjuk kicsit lehűlni.

Adag: 4

Előkészületek: 15 perc
Sütés / főzés: 30 perc

Tápérték adatok

Egy adag: 1 salátástálnyi pite

A szakács jegyzetei

Érték adagonként	
Kalória	805
Zsírkalória (56%)	449
	% Napi adag
Összes zsír 50,7 g	78%
Telített zsír 25 g	125%
Koleszterin 226 mg	75%
Nátrium 462 mg	19%
Kálium 625	18%
Összes szénhidrát 46,1 g	15%
Rost 7 g	28%
Cukor 4,9 g	
Protein 40,3 g	81%

Tofu cipó

Egy régi tofu szakácskönyv adta az ötletet ehhez a cipóhoz. Napokig megtartja az ízét és melegítve is finom.

2 (400 g) doboz közepesen kemény tofu, lecsurgatva, morzsolva
115 g ketchup
80 ml tamari szója szósz
2 evőkanál Dijoni mustár
115 g apróra vágott friss petrezselyem
¼ kiskanál fekete bors
1 közepes, apróra vágott hagyma
¼ kiskanál fokhagyma por
230 g panko vagy más prézli

Elkészítés

1 Keverjük össze a hozzávalókat egy nagy tálban.
2 Fújjunk be egy 20-23 cm-es kenyérsütő formát olajspray-vel és nyomkodjuk bele a keveréket. Ütögessük meg néhányszor az alját, hogy a levegő kijöjjön belőle, ha maradt.
3 Süssük k. 1 óráig, amíg a széle elválik a sütő formától. Hagyjuk 10 percig hűlni szeletelés előtt.
4 Díszítsük ketchuppal és petrezselyemmel ízlés szerint.

Adag: 8
Mennyiség: 1 közepes cipó

Előkészületek: 10 perc
Sütés / főzés: 1 óra
Várakozás: 10 perc

Tápérték adatok

Egy adag: 1/8 cipó

A szakács jegyzetei

Érték adagonként	
Kalória	67
Zsírkalória (23)	16
	% Napi adag
Összes zsír 1,9 g	3%
Telített zsír, 2 g	1%
Koleszterin 0 mg	0%
Nátrium 115m	5%
Kálium 80,7 mg	2%
Összes szénhidrát 9,2 g	3%
Rost 1,5 g	6%
Cukor, 9 g	
Protein 4,3 g	9%

Paradicsomos bazsalikomos csirke

Az exotikus hozzávalók ellenére, egy nagyon kellemes fogás, egyáltalán nem túl fűszeres, csak ízletes.

8 csirke comb, csont és bőr nélkül
só és bors, ízlés szerint
2 evőkanál finomítatlan kókusz olaj *
1 közepes, vékonyra szeletelt édes hagyma
1 (400 g) doboz darabolt paradicsom, levével együtt

2 kis rúd fahéj
2 egész ánizs csillag
1.3 cm-es darab szeletelt gyömbér
340 g durván apróra vágott friss bazsalikom

Elkészítés

1. Ízesítsük a csirkét sóval és borssal.
2. Egy nagy serpenyőben közepes lángon melegítsünk egy evőkanál kókusz olajat. Enyhén barnítsuk meg a csirkecombok mindkét oldalát. Vegyük le a tűzről és takarjuk le, hogy meleg maradjon.
3. Tegyük a maradék 1 kanál kókusz olajat a serpenyőbe és kicsit barnítsuk meg rajta a hagymát, kb. 5 percig.
4. Adjuk hozzá a paradicsomot, a fahéj pálcikákat, az ánizs csillagokat és a gyömbért. Sózzuk, borsozzuk ízlés szerint.
5. Fészkeljük a csirkecombokat a szószba, tegyük rá a fedőt és közepes lángon süssük át kb. 20 percig.
6. Tegyük a csirkecombokat a tányérokra. Keverjük a bazsalikomot a szószba, kb. 1 percig, amíg elkezd fonnyadni. Vegyük ki a fahéj pálcikákat és az ánizs csillagokat, majd kanalazzuk a szószt a csirkecombokra és szolgáljuk fel.

Adag: 4

Előkészületek: 15 perc
Sütés / főzés: 20 perc

Tápérték adatok

Egy adag: 2 comb

A szakács jegyzetei

Érték adagonként	
Kalória	283
Zsírkalória (32%)	122
	% Napi adag
Összes zsír 14,1 g	22%
Telített zsír 2,7 g	13%
Koleszterin 115 mg	38%
Nátrium 140 mg	6%
Kálium 536 mg	15%
Összes szénhidrát 45,8 g	15%
Rost 28,6 g	114%
Cukor 2,7 g	
Protein 30,5 g	61%

Tanácsok

*Én a CoconutOil-Online.com- ról rendelem a kókusz olajat. Ennek a legjobb az íze.

Tostada kazal

Használjuk a kukorica Tortilla receptet a 21. oldalon. Ez a tortilla nedves marad, amíg a hagyományos tortilla túl száraz a könnyű nyeléshez.

½ (410 g) doboz fekete bab vagy tarkabab, lecsurgatva, öblítve
115 g enyhe salsa szósz
340 g apróra vágott fejes saláta
60 g darabolt paradicsom
4 db vékonyra szeletelt zöldhagyma (csak a fehér és a világoszöld része)
4 nagy szeletelt fekete vagy zöld olívabogyó,
60 g reszelt cheddar sajt
115 g guacamole*
60 g tejföl vagy joghurt

Elkészítés

1 Egy turmixgéppel keverjük simára a babot a salsa szósszal.
2 Osszuk szét a keveréket a „tortillák” között és kenjük rájuk egy rétegben.
3 A salátával kezdve, tegyük rá rétegenként a többi hozzávalót és rakjuk meg a „kazlat”.
4 Hintsük meg még egy kis salsa szósszal, hogy nedvesebb és ízesebb legyen.

Adag: 4

Előkészületek: 15 perc

Tápérték adatok

Egy adag: 1 kazal

A szakács jegyzetei

Érték adagonként	
Kalória	134
Zsírkalória (47%)	63
	% Napi adag
Összes zsír 7,5 g	12%
Telített zsír 2,4 g	12%
Koleszterin 8,3 mg	3%
Nátrium 385 mg	16%
Kálium 482 mg	14%
Összes szénhidrát 12,7 g	4%
Rost 4 g	16%
Cukor 3,2 g	
Protein 6,1 g	12%

*guacamole – avokádóból készített pikáns étel

Fasírt balzsamecetes mázzal

Ez egy mesés recept Bobby Flay-től! Quinoa pelyhet használok, hogy nedvesen tartsa és még a formáját is tartja szeletelés közben.

2 evőkanál olíva olaj
1 kis cukkíni, apró darabokra vágva
1 közepes piros csemegepaprika apró darabokra vágva
1 közepes sárga csemegepaprika apró darabokra vágva
5 gerezd fokhagyma, megpucolva, összetörve
¼ kiskanál füstölt paprika (ízlés szerint)
só és bors ízlés szerint
1 nagy tojás, enyhén felverve
1 evőkanál friss, apróra vágott kakukkfű
60 g apróra vágott friss petrezselyem
680 g darált marha (bárány, pulyka vagy csirke) hús
230 g quinoa pehely
115 g reszelt parmezán vagy Romano sajt
170 g bio ketchup, kétfelé osztva
60 ml plusz 2 evőkanál balzsamecet
2-3 csepp Tabasco szósz (ízlés szerint)

Elkészítés

1 Melegítsük elő a sütőt 220°C-ra.
2 Egy nagy tapadásmentes serpenyőben melegítsünk olajat közepes lángon, majd tegyük bele a cukkínit, a borsot, a fokhagymát és a paprikát. Ízesítsük sóval, borssal ízlés szerint és pirítsuk kb. 5 percig, amíg a zöldség megpuhul. Tegyük félre lehűlni.
3 Egy nagy tálban keverjük össze a tojást a fűszerekkel. Tegyük hozzá a darált húst, a lehűlt zöldséget, a quinoa pelyhet, sajtot, ketchupot és 2 evőkanál balzsamecetet. Keverjük jól össze.
4 Tegyük a keveréket egy 23x13 cm-es cipósütő formába. Keverjük össze a maradék ketchupot és a 60 ml balzsamecetet és adjunk hozzá néhány csepp Tabasco szószt, ha szeretjük. Öntsük a keveréket a cipóra és kenjük el, hogy egyenletesen takarja.
5 Süssük 1 és negyed órát, amíg a próbaképp beleszúrt nyárs vagy kés tisztán jön ki. Hagyjuk 10 percig hűlni, mielőtt felszeleteljük.

Adag: 8

Előkészületek: 30 perc
Sütés / főzés: 1 óra, 15 perc

Tápérték adatok

Egy adag: 1/8 cipó

A szakács jegyzetei

Érték adagonként	
Kalória	155
Zsírkalória (39%)	61
	% Napi adag
Összes zsír 6,8 g	11%
Telített zsír 2,2 g	11%
Koleszterin 38,6 mg	3%
Nátrium 373 mg	16%
Kálium 314 mg	9%
Összes szénhidrát 14,8 g	5%
Rost 1,4 g	5%
Cukor 8,3 g	
Protein 8,4 g	17%

Mag tejek

Ide tartozik a kókusztej, a mandulatej, kesu dió tej, a diótej és a mogyorótej. Régebben magam csináltam, de ma már sok különböző változatban lehet kapni őket. Általában az édesítő nélkülieket szoktam venni, mert így én dönthetem el, mennyire legyen édes. Szívesen használom a kókusztejet és a kókuszlevet, mert ez egyenesen a természetből jön.

Aki magának szeretné elkészíteni, annak ajánlok néhány receptet – nagyon egyszerűek.

Tápláló kesudió tej (100. oldal)

Mandula tej

Áztassuk a mandulát vízbe és takarjuk le és hagyjuk puhulni éjszakára. Másnap öntsük le róla a vizet és használjunk friss vizet a tej készítéséhez.

60 g szeletelt mandula
240 ml víz
1 kiskanál agavé nektár (ízlés szerint)

Elkészítés

1 Tegyük a mandulát és a vizet a turmixgépbe, magas fordulaton dolgozzuk össze.
2 Tartsuk egy üvegben, hűtőszekrényben. Fogyasszuk 3 napon belül.

Adag: 1

Előkészületek: 5 perc

Tápérték adatok

Egy adag: 240 ml

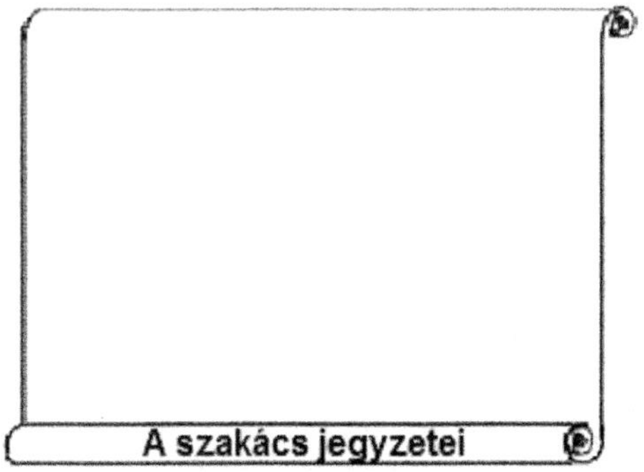

Érték adagonként	
Kalória	103
Zsírkalória (73%)	75
	% Napi adag
Összes zsír 9 g	14%
Telített zsír, 7 g	4%
Koleszterin 0 mg	0%
Nátrium 4,1 mg	<1
Kálium 124 g	4%
Összes szénhidrát 3,7 g	1%
Rost 1,9 g	8%
Cukor, 9 g	
Protein 3,6 g	7%

Tanácsok

Hogy a tej még simább legyen, szűrjük le egy kávé szűrőn.

Kesu dió tej

A kesu dió elég puha és nem kell szűrni vagy áztatni. Édesítőként adhatunk egy teáskanál agavé nektárt vagy juhar szirupot a turmixgépbe.

60 g nyers kesu dió
240 ml víz
1 kiskanál agavé nektár (ízlés szerint)

Elkészítés

1 Tegyük a kesu diót és a vizet a turmixgépbe, magas fordulaton dolgozzuk össze.
2 Tartsuk egy üvegben, hűtőszekrényben. Fogyasszuk 3 napon belül.

Adag: 1

Előkészületek: 5 perc

Tápérték adatok

Egy adag: 240 ml

A szakács jegyzetei

Érték adagonként	
Kalória	20
Zsírkalória (66%)	13
	% Napi adag
Összes zsír 1,6 g	2%
Telített zsír, 3 g	1%
Koleszterin 0 mg	0%
Nátrium 4 mg	<1%
Kálium 25 mg	<1%
Összes szénhidrát 1,1 g	<1%
Rost, 1 g	<1%
Cukor, 2 g	
Protein, 7 g	1%

Csokoládé tej

Ez pompás tejpótló a laktóz-érzékenyek számára.

950 ml víz
230 g kesu dió
60 ml juhar vagy agavé szirup
2 kiskanál vanília kivonat
60 g édesítő nélküli kakaó por
¼ kiskanál só

Elkészítés

1 Tegyük a hozzávalókat a turmixgépbe és magas fordulaton dolgozzuk össze.
2 Tartsuk egy üvegben, hűtőszekrényben. Fogyasszuk 3 napon belül.

Adag: 4

Előkészületek: 5 perc

Tápérték adatok

Egy adag: 240 ml

A szakács jegyzetei

Érték adagonként	
Kalória	59
Zsírkalória (44%)	26
	% Napi adag
Összes zsír 3,1 g	5%
Telített zsír, 6 g	3%
Koleszterin 154m	0%
Nátrium 154 mg	6%
Kálium 53 mg	1%
Összes szénhidrát 6 g	2%
Rost, 3 g	1%
Cukor 4,1 g	
Protein 1,4 g	3%

Zabpelyhes kókusz tej 9/10

Furcsán hangzik, de jó.

115 g zabpehely
115 g kimagozott datolya
115 g édesítő nélküli szárított kókuszdió
950 ml víz elosztva
½ kiskanál só

Elkészítés

1 Egy közepes serpenyőben keverjük össze a zabpelyhet, datolyát, kókuszdiót, 240 ml vizet és a sót. Főzzük lassú tűzön 15-20 percig, időnként kevergessük.
2 A meleg keveréket töltsük a turmixgépbe, adjuk hozzá a maradék vizet és turmixoljuk simára.
3 Tartsuk egy üvegben, hűtőszekrényben. Fogyasszuk 3 napon belül.

Adag: 4

Előkészületek: 10 perc

Tápérték adatok

Egy adag: 240 ml

A szakács jegyzetei

Érték adagonként	
Kalória	288
Zsírkalória (5	159
	% Napi adag
Összes zsír 19 g	29%
Telített zsír 16,3 g	82%
Koleszterin 0 mg	0%
Nátrium 309 mg	13%
Kálium 339 mg	10%
Összes szénhidrát 30,3 g	10%
Rost 7,4 g	30%
Cukor 16,3 g	
Protein 3,8 g	8%

Tápláló kesu dió tej

Szeretem a kesu diót, mert nagyon puha és nagyon lágy tejet lehet belőle készíteni.

230 g nyers kesu dió
710 ml víz
1 evőkanál juhar szirup vagy agavé nektár

Elkészítés

1 Tegyük a hozzávalókat a turmixgépbe, magas fordulaton dolgozzuk össze.
2 Tartsuk egy üvegben, hűtőszekrényben. Fogyasszuk 3 napon belül.

Adag: 4

Előkészületek: 5 perc

Tápérték adatok

Egy adag: 240 ml

A szakács jegyzetei

Érték adagonként	
Kalória	52
Zsírkalória (50%)	26
	% Napi adag
Összes zsír 3,1 g	5%
Telített zsír, 6 g	3%
Koleszterin 0 mg	0%
Nátrium 6,8 mg	<1%
Kálium 59,2 mg	2%
Összes szénhidrát 5,5 g	2%
Rost, 2 g	<1%
Cukor 3,4 g	
Protein 1,3 g	3%

Az angyalhaj tészta a férjem nagy kedvence. Mielőtt rákos lett, teljes kiőrlésű lisztből készült tésztát készítettem neki. De később a búzadarából készült tésztát könnyebben tudta lenyelni. Még használom a teljes kiőrlésű lisztből készült tésztát, de tovább főzöm, rövid vagy közepes méretűt és ügyelek, hogy a szószt teljesen felszívja, hogy puhább legyen. Az orzó tészta nagyszerű, mert alig nagyobb egy rizsszemnél és könnyű lenyelni.

Ezek az ízletes előételek felszolgálhatók családnak, barátoknak és senki nem tudja meg, hogy valakinek nyelési problémái vannak.

Orzo tészta darált sertéshússal (108. oldal)

Makaróni és túró (106. oldal)

Angyalhaj tészta rózsaszín szószban

Legszívesebben a De Boles márkájú, spagetti szerű tésztát használom, ami rizzsel, quinoával és amaránttal (disznóparéjjal) készül.

- 115 g angyalhaj tészta (glutén mentes multi-gabonából)
- 4 egész, konzerv paradicsom
- 2 evőkanál habtejszín
- ½ evőkanál olíva olaj
- 1 gerezd darált fokhagyma
- 115 g fagyasztott zsenge borsó, kiolvasztva, lecsurgatva
- 75 g kockára vágott sült csemegepaprika
- 1 kiskanál szárított bazsalikom
- 2 evőkanál reszelt parmezán sajt

Elkészítés

1. Készítsük el a tésztát a csomagon található leírás alapján, vagy főzzük, amíg nagyon meg nem puhul.
2. Tegyük a paradicsomokat a turmixgépbe és turmixoljuk egész simára, kb. 1 percig, majd tegyük félre.
3. Egy nagy serpenyőben melegítsünk olíva olajat, közepes lángon. Tegyük bele a fokhagymát és pirítsuk 30 másodpercig. Adjuk hozzá a borsót, a sült csemegepaprikát és a bazsalikomot és kevergessük 1 percig. Öntsük bele a paradicsom pürét és forraljuk fel, majd vegyük le a tűzről.
4. Szűrjük le a tésztát (a léből tegyünk félre 120 ml-t) és tegyük a serpenyőbe, öntsünk hozzá a tészta levéből, hogy ha szükséges. Kevergessük közepes lángon, amíg a tésztát teljesen bevonja a szósz. Osszuk el a tésztát két tányérra, hintsük meg parmezán sajttal és rögtön tálaljuk.

Adag: 2

Tápérték adatok

Egy adag: 230 g

Érték adagonként	
Kalória	491
Zsírkalória (23%)	114
	% Napi adag
Összes zsír 13,2 g	20%
Telített zsír 5 g	25%
Koleszterin 25 mg	8%
Nátrium 1.437 mg	60%
Kálium 1.828 mg	52%
Összes szénhidrát 89,4 g	30%
Rost 14,3 g	57%
Cukor 23,4 g	
Protein 16,5 g	33%

A szakács jegyzetei

Fusilli tészta vajbabbal

Én a 365™ márkájú tésztát kedvelem leginkább a Whole Food Market-től, de bármilyen közepes tészta megteszi.

910 g teljes kiőrlésű fusili tészta vagy más közepes száraztészta
455 g darabos, enyhe salsa szósz
1 evőkanál Worcestershire szósz
1 (454 g) doboz vajbab, lecsurgatva, leöblítve
3 evőkanál apróra vágott friss petrezselyem
só és bors ízlés szerint
4 evőkanál reszelt Parmigiano-Reggiano sajt

Elkészítés

1 Készítsük el a tésztát a csomagon található leírás alapján és főzzük még pár percig, amíg jól meg nem puhul. Szűrjük le a tésztát és a léből hagyjunk meg 120 ml-t és tegyük félre.
2 Közben egy nagy serpenyőben keverjük össze a többi hozzávalót a petrezselyem és a sajt nélkül és kis lángon melegítsük kb. 10 percig.
3 Tegyük a szószba a tésztát, adjunk hozzá léből, ha szükséges. Kanalazzuk a tányérokra és díszítsük az apróra vágott petrezselyemmel és sajttal.

Adag: 4

Előkészületek: 30 perc
Sütés / főzés: 15 perc

Tápérték adatok

Egy adag: 230 g

A szakács jegyzetei

Érték adagonként	
Kalória	713
Zsírkalória (5%)	34
	% Napi adag
Összes zsír 3,9 g	6%
Telített zsír 1,2 g	6%
Koleszterin 4,4 mg	1%
Nátrium 538 mg	22%
Kálium 3.100 g	89%
Összes szénhidrát 133 g	44%
Rost 25,9 g	111%
Cukor 7,9 g	
Protein 42,2 g	84%

Kasha varnishkes

Ez egy klasszikus zsidó étel Kelet-Európából és Oroszországból. Csokornyakkendő tésztából és kashanak hívott hajdina darából készül. Igazi hagyományos íz, krémes gomba szósszal.

830 ml víz
115 g hajdina dara
½ kiskanál só
340 g száraz csokornyakkendő tészta
2 evőkanál olíva olaj
1 közepes édes hagyma apróra vágva
1 közepes gerezd zúzott fokhagyma
230 g apró portobelló gomba, vékonyra szeletelve
2 kiskanál friss, apróra vágott kakukkfű
3 evőkanál normál liszt
2 evőkanál tamari szója szósz
frissen őrölt fekete bors

Elkészítés

1 Egy kis serpenyőben forraljunk fel 240 ml vizet, adjuk hozzá a hajdina darát és a sót, takarjuk le és pároljuk lassú tűzön, amíg felszívja a vizet kb. 10 percig. Keverjük meg, hogy fellazuljon, takarjuk le és tegyük félre.
2 Főzzük meg a csokornyakkendő tésztát sós vízben a csomagon levő leírás szerint, adjunk hozzá még 2-3 percet, hogy a tészta jól megpuhuljon. Szűrjük le és tartsunk meg 120 ml tésztalevet. Takarjuk le és tegyük félre.
3 Közben egy közepes serpenyőben melegítsünk olíva olajat. Tegyük bele a hagymát, fokhagymát, kakukkfüvet és süssük közepes lángon, kevergessük, amíg a hagyma és a gomba megpuhul, kb. 5 percig.
4 Szórjuk rá a lisztet és kevergessük, amíg összeáll és süssük még 2-3 percig.
5 Adjuk hozzá a tamari szója szószt a maradék vízhez, majd keverjük bele a gombás keverékbe folyamatosan kevergetve, amíg besűrűsödik. Sóval, borssal ízesítsük és pároljuk még 3 percig.
6 Melegítsük fel a kahsát a félretett tészta lével, hogy fellazuljon. Keverjük bele a kashát a csokornyakkendő tészta közé és rázzuk meg, hogy összeálljon.
7 Kanalazzuk tálakba, öntsük rá a gombás szószt és tálalhatjuk.

Adag: 4

Előkészületek: 30 perc
Sütés / főzés: 15 perc

Tápérték adatok

Egy adag: 285 g

A szakács jegyzetei

Érték adagonként	
Kalória	349
Zsírkalória (21%)	72
	% Napi adag
Összes zsír 8,2 g	13%
Telített zsír 1,2 g	6%
Koleszterin 0 mg	0%
Nátrium 815 mg	34
Kálium 851 mg	24%
Összes szénhidrát 59,2 g	20%
Rost 4,9 g	20%
Cukor 3,8 g	
Protein 13 g	26%

Könnyű bolognai

Ez a hús alapú tészta szósz Olaszországból, Bolognából származik. Sokan csak húsos paradicsomszósznak hívják.

1 evőkanál extra-szűz olíva olaj vagy más növény olaj
450 gdarált pulyka
230 g olasz stílusú pulyka kolbász
115 g apróra vágott hagyma
115 g kockára vágott répa
115 g kockára vágott zeller
1 evőkanál darált fokhagyma
240 ml vörösbor
2 evőkanál balzsamecet
230 g túró
60 g paradicsom püré
2 (410 g) doboz lecsurgatott, kockára vágott paradicsom
1 kiskanál szárított, megtört bazsalikom
1 kiskanál megtört oregánó levél
só, ízlés szerint
115 g Neufchatel sajt (vagy krémsajt)
230 g apróra vágott frisspetrezselyem

Elkészítés

1 Egy nagy serpenyőben közepesnél nagyobb lángon melegítsük fel az olajat. Tegyük bele a darált pulykát és a darabokra tört kolbászt, majd süssük, amíg megbarnul, kb. 8 percig.
2 Turmixoljuk a hagymát, a répát, a zellert és a fokhagymát a turmixgépben apróra és tegyük a megbarnult húsra. Süssük, amíg a zöldségek megpuhulnak, kb. 5 percig. Kicsit vegyük nagyobbra a lángot és keverjük bele a balzsamecetet és a vörösbort. Süssük még kb. 5percig, hogy elfőjön a lé egy része.
3 Turmixoljuk simára a túrót, majd keverjük hozzá a húshoz.
4 Keverjük hozzá a paradicsom pürét is és süssük még vagy 1 percig. Tegyük hozzá a kockára vágott paradicsomot, bazsalikomot, oregánót és sót, vegyük a lángot közepesre és időnként kevergetve pároljuk a szószt 40-45 percig.
5 Adjuk hozzá a Neufchatel sajtot (vagy a krémsajtot), kevergessük, amíg elolvad. Keverjük bele a petrezselymet és tálaljuk.

Adag: 8 Előkészületek: 30 perc, Sütés / főzés: 45 perc

Tápérték adatok

Egy adag: 285 g

Érték adagonként	
Kalória	281
Zsírkalória (42%)	117
	% Napi adag
Összes zsír 13,2 g	20%
Telített zsír 3,4 g	1 %
Koleszterin 65,9 mg	22%
Nátrium 554 mg	23%
Kálium 725m	21
Összes szénhidrát 15,7 g	5%
Rost 3,4 g	14%
Cukor 3,9 g	
Protein 21,8 g	44%

Tanácsok

Én tubusos paradicsompürét használok. Könnyű mérni és eltenni későbbre a hűtőbe.

Túrós csusza

Ez egy magyar étel és általában egy jó fűszeres halászlé után szokták felszolgálni. Tálalásánál a szalonnát tegyük mellé.

115 g száraz csusza tészta
2 vékony szelet szalonna, csíkokra vágva
115 g kockára vágott főtt sonka
½ közepes, apróra vágott hagyma
230 g túró
115 g tejföl vagy joghurt
apróra vágott petrezselyem és egy csipet paprika a tálaláshoz

Elkészítés

1. Főzzük meg a tésztát a csomagoláson levő leírás szerint, amíg megpuhul. Szűrjük le.
2. Egy nagy serpenyőben süssük ropogósra a szalonna csíkokat. Tegyük őket egy konyhai papírkendőre.
3. Egy turmixgépben daráljuk apróra a sonkát, kaparjuk le a gép oldaláról, ha szükséges. Tegyük félre.
4. Pirítsuk aranyszínűre a hagymát a szalonna zsírjában. Adjuk hozzá a leszűrt tésztát túrót és tejfölt (vagy joghurtot). Keverjük össze és melegítsük lassú tűzön még kb. 5 percig.
5. Osszuk szét a tésztát a tányérokra, szórjuk rá a petrezselymet és a paprikát és tegyük mellé a szalonnacsíkokat.

Adag: 4

Előkészületek: 30 perc
Sütés / főzés: 15 perc

Tápérték adatok

Egy adag: 230 g

A szakács jegyzetei

Érték adagonként	
Kalória	301
Zsírkalória (37%)	112
	% Napi adag
Összes zsír 12,4 g	19%
Telített zsír 4,3 g	22%
Koleszterin 35,5 mg	12%
Nátrium 644 mg	27%
Kálium 326m	9
Összes szénhidrát 26,1 g	9%
Rost 1,2 g	5%
Cukor 5,7 g	
Protein 20,1 g	40%

Spenótos sajtmártás

Változatosságképpen próbálhatunk kecskesajtot is a Boursin helyett.

340 g száraz tészta, kagyló, könyök vagy más formájú
1 nagy gerezd megpucolt fokhagyma
3 evőkanál Boursin sajt, szobahőmérsékleten
2 evőkanál görög joghurt
455 g zsenge spenótlevél (csomagolt)
4 nagy, tépett bazsalikom levél
só és frissen őrölt bors, ízlés szerint

Elkészítés

1 Főzzük meg a makarónit a csomagoláson levő leírás szerint és még pár perccel tovább, amíg jól megpuhul. Tegyünk félre 120 ml-t a tészta levéből.
2 Amíg a tészta fő, dobjuk a működő turmixgépbe a megpucolt fokhagymát és vágjuk egészen apróra.
3 Adjuk hozzá a Boursin sajtot, joghurtot, spenótot és a bazsalikomot. Ízesítsük sóval, borssal és turmixoljuk simára.
4 Kanalazzuk egy nagy tálalóedénybe. Adjuk hozzá a tésztát és a félretett tészta levet. Forgassuk meg, hogy elkeveredjen és ha szükséges még sózzuk, borsozzuk.

Adag: 2

Előkészületek: 15 perc

Tápérték adatok

Egy adag: 230 g

A szakács jegyzetei

Érték adagonként	
Kalória	482
Zsírkalória (35%)	170
	% Napi adag
Összes zsír 20,1 g	31%
Telített zsír 13,1 g	66%
Koleszterin 50,5 mg	17%
Nátrium 324 mg	13%
Kálium 353 mg	10%
Összes szénhidrát 62,9 g	21%
Rost 2,7 g	11%
Cukor 1,2 g	
Protein 14,8 g	30%

Tanácsok

Használhatunk búzadara tésztát vagy De Boles articsóka tésztát. Ha köretként szolgáljuk, akkor 4 adag jön ki belőle.

Orzó darált hússal

Szeretem a teljes kiőrlésű lisztből készült orzó tésztát. Úgy néz ki, mint a rizs, csak egy kicsit nagyobb és több rostot tartalmaz.

60 g orzó vagy más apró nyers tészta,
1 evőkanál olíva olaj
230 g apróra vágott gomba
60 g apróra vágott hagyma
½ Kiskanál zúzott fokhagyma
½ Kiskanál só
1 kiskanál olaszos fűszerkeverék
115 g darált sertéshús
1 (400 g) doboz darabolt paradicsom
parmezán sajt a tálaláshoz

Elkészítés

1. Egy kis lábasban főzzük meg az orzó tésztát a csomagon található leírás szerint és még 2-3 percig, hogy jól megpuhuljon.
2. Egy közepes serpenyőben melegítsük fel az olíva olajat közepes lángon, majd pirítsuk meg a gombát, amíg kicsit megbarnul, kb. 5 percig.
3. Adjuk hozzá a hagymát és a fokhagymát, szórjuk meg sóval és az olaszos fűszerkeverékkel és süssük tovább pár percig, amíg a hagyma megpuhul.
4. Morzsoljuk bele a darált húst, (vagy használjunk krumplinyomót) és süssük, amíg a hús már nem rózsaszín, kb. 8 percig.
5. Tegyük bele a paradicsomot és keverjük jól össze. Szűrjük le az orzó tésztát és tegyük a serpenyőbe. Kis lángon pároljuk még pár percig, amíg az orzó magába szívja a paradicsom lé egy részét.
6. Tálaláskor szórjuk meg egy kis parmezán sajttal.

Adag: 2

Előkészületek: 25 perc

Tápérték adatok

Egy adag: 230 g

A szakács jegyzetei

Érték adagonként	
Kalória	275
Zsírkalória (63%)	172
	% Napi adag
Összes zsír 19,3 g	30%
Telített zsír 5,5 g	27%
Koleszterin 40,8 mg	14%
Nátrium 629 mg	26%
Kálium 589 mg	17%
Összes szénhidrát 14,2 g	5%
Rost 2,1 g	9%
Cukor 4,7 g	
Protein 13,3 g	27%

Orzó portobelló gombával

Itt a gomba a húst helyettesíti.

60 g nyers orzó tészta (teljes kiőrlésű)
1 evőkanál sótlan vaj
1 evőkanál olíva olaj
1 nagy portobelló gomba feje apróra vágva
115 g apróra vágott édes hagyma
½ kiskanál zúzott fokhagyma
1 kiskanál szárított bazsalikom
½ kiskanál olaszos fűszerkeverék
só és bors ízlés szerint
3 evőkanál lecsurgatott és csíkokra vágott napon szárított paradicsom
230 g zsenge spenót (kb. 2 marék)
1 evőkanál reszelt Parmigiano-Reggiano sajt

Elkészítés

1 Egy kis lábasban főzzük meg az orzó tésztát a csomagon levő leírás alapján és még 2-3 percig, hogy jól megpuhuljon. Tegyünk félre 120 ml tésztalevet, majd szűrjük le, takarjuk le és hagyjuk úgy.

2 Amíg a tészta fő, egy közepes serpenyőben olvasszuk fel a vajat az olívaolajjal közepes lángon. Tegyük bele a hagymát és pirítsuk, amíg megpuhul, kb. 5 percig. Keverjük bele a fokhagymát.

3 Adjuk hozzá a gombát és keverjük el. Morzsoljuk bele a bazsalikomot, az olaszos fűszerkeveréket, sózzuk, borsozzuk és süssük, amíg a gomba meg nem puhul, kb. 8-10 percig. Szórjuk bele a napon szárított paradicsomot és sűrű kevergetés mellett süssük még pár percig.

4 Tegyük bele a tésztát és éppen annyi tésztalevet, hogy mindent megnedvesítsen.

5 Adjuk hozzá spenótot és forgassuk, amíg megfonnyad. Ha szükséges, öntsünk még hozzá tésztalevet.

6 Amikor a spenót megfonnyadt, tegyük az egészet egy tányérba és sajttal megszórva szolgáljuk fel.

Adag: 1

Előkészületek: 15 perc
Sütés / főzés: 25 perc

Tápérték adatok

Egy adag: 230 g

A szakács jegyzetei

Érték adagonként	
Kalória	388
Zsírkalória (38%)	146
	% Napi adag
Összes zsír 16,5 g	25%
Telített zsír 3 g	15%
Koleszterin 4,4 mg	1%
Nátrium 328 mg	14%
Kálium 1.061 mg	30%
Összes szénhidrát 50,1 g	17%
Rost 6,1 g	24%
Cukor 10 g	
Protein 12,7 g	25%

Tanácsok

230 g fagyasztott borsót is használhatunk spenót helyett.

Amíg olyan dolgokat használok mint articsóka szív, paradicsom és más nedves zöldségek, addig képesek vagyunk élvezni a salátákat is. Natúr joghurtot használok, citrom ízesítésű lenmag olajat és sok friss fűszert. A tojássaláta az egyik kedvenc, különösen ha repülőn utazunk.

Vegyes saláta (116. oldal)

Ecetes céklás tzatziki saláta (119. oldal)

Arame alga saláta

Ez nagyon jó a lazaccal párosítva. Akkor is ki kell próbálni az algát, ha úgy gondoljuk, hogy nem szeretjük. Meg fogjuk szeretni!

A salátához

42 g arame alga, (ha lehet Eden márkájú)
230 g szeletelt zsenge répa
115 g szeletelt sült csemegepaprika
115 g reszelt retek
4 szál vékonyra szeletelt zöldhagyma
2 kiskanál olíva olaj
2 gerezd zúzott fokhagyma
1 evőkanál friss, hámozott, reszelt gyömbér

A saláta öntethez

3 evőkanál fűszerezett rizsecet
2 evőkanál tamari szójaszósz
2 evőkanál sötét szezám mag olaj
2 evőkanál szezám mag (ízlés szerint a díszítéshez)

Elkészítés

1. Tegyük az algát egy üvegtálba és öntsünk rá annyi vizet, hogy ellepje. Hagyjuk 15 percig ázni. Szűrjük le és tegyük egy közepes lábasba.
2. Adjuk hozzá a répát és éppen annyi vizet, hogy ellepje. Fedjük le és magas lángon forraljuk fel. Ekkor vegyük kicsire a lángot és pároljuk, amíg a répa megpuhul, kb. 5 percig. Szűrjük le és tegyük egy nagy tálba.
3. Adjuk hozzá a retket, a csemegepaprikát és a zöldhagymát.
4. Egy kis tapadásmentes serpenyőben közepes lángon melegítsük fel az olíva olajat, majd pirítsuk benne a fokhagymát és a gyömbért, amíg elkezd illatozni, kb. 2 percig. Adjuk hozzá az algához.
5. A saláta öntetet úgy csináljuk, hogy összedolgozzuk az ecetet, a tamari szószt, a szezám olajat egy jól zárható tégelyben. Erősen rázzuk fel, majd öntsük az alga salátára és forgassuk meg, hogy jól elkeveredjen. Ha szeretjük, szórjuk meg szezám maggal. Azonnal tálalhatjuk vagy hűtsük le 30 percre.

Adag: 4

Előkészületek: 30 perc
Sütés / főzés: 10 perc

Tápérték adatok

Egy adag: 230 g

A szakács jegyzetei

Érték adagonként	
Kalória	167
Zsírkalória (22%)	37
	% Napi adag
Összes zsír 11,4 g	18%
Telített zsír 1,6 g	8%
Koleszterin 0 mg	0%
Nátrium 589 mg	25%
Kálium 1.536 mg	44%
Összes szénhidrát 84,4 g	28%
Rost 5,2 g	21%
Cukor 1,1 g	
Protein 2,9 g	6%

Spárga piramis saláta

Ezt a szép salátát Ingrid Hoffmann ihlette, tele van rosttal és remek. A sherry ecet és az agavé szirup jól ötvözi az édes és fanyar ízeket.

Az öntethez

- 2 evőkanál sherry ecet
- ½ kiskanál agavé szirup
- só és frissen őrölt fekete bors, ízlés szerint
- 1 evőkanál apróra vágott friss tárkony
- 60 ml extra-szűz olíva olaj

A salátához

- 10 vágott spárga hegyek
- 225 g friss zöldbab, 2-3 cm-es darabokra vágva
- 230 g frissen reszelt répa
- 115 g konzerv fekete bab, leszűrve, öblítve

Elkészítés

1. Úgy készítjük a salátaöntet, hogy a hozzávalókat beletesszük egy jól zárható tégelybe és alaposan összerázzuk, hogy jól összekeveredjenek. Tegyük félre.
2. Egy nagy fazék forró, sós vízben előfőzzük a spárgát, amíg enyhén ropogós lesz, 3-5 percig. Egy szűrővel tegyük jeges vízbe a spárgát, hogy lehűljön.
3. Ugyanabban a vízben előfőzzük a zöldbabot is 5-7 percig. Tegyük a hideg vízbe a spárga mellé, hogy egészen lehűljön és szárítsuk meg konyhai papírkendőn. Szedjük ki a spárgát és tegyük félre.
4. Egy közepes keverőtálban keverjük össze a répát, a zöldbabot és a fekete babot. Locsoljuk meg egy kis salátaöntettel.
5. A répából és a babokból csináljunk kis kupacokat két salátástál közepén. Körben támasszunk a kupacoknak 5-5 spárgát, hogy a végük fent összeérjen.
6. Szórjuk rá a maradék salátaöntetet és tálaljuk.

Adag: 2

Előkészületek: 10 perc
Sütés / főzés: 10 perc

Tápérték adatok

Egy adag: 2 piramis

A szakács jegyzetei

Érték adagonként	
Kalória	429
Zsírkalória (5 %)	246
	% Napi adag
Összes zsír 28 g	43%
Telített zsír 4 g	20%
Koleszterin 0 mg	0%
Nátrium 48 mg	2%
Kálium 894m	26
Összes szénhidrát 37,7 g	13%
Rost 13,7 g	55%
Cukor 8 g	
Protein 11,9 g	24%

Avokádó és papaya saláta

Ez egy színekkel és ízekkel teli saláta, különösen nyáron ajánlott.

1 közepes avokádó, lehetőleg Hass, hámozva és 1.5 cm-es kockákra vágva
1 közepes papaya hámozva és 1.5 cm-es kockákra vágva
1 evőkanál agavé nektár
1 lime (zöld citrom) leve
2 evőkanál extra-szűz olíva olaj
2 evőkanál lenmag olaj citrom ízesítéssel
$^{1}/_{8}$ kiskanál frissen őrölt fekete bors
$^{1}/_{8}$ kiskanál só

Elkészítés

1 Egy közepes keverőtálban keverjük össze az avokádót és a papayát.
2 Egy kis keverőtálban keverjük össze a többi hozzávalót és öntsük a gyümölcsökre, majd óvatosan forgassuk meg és azonnal tálalhatjuk.

Adag: 4

Előkészületek: 10 perc

Tápérték adatok

Egy adag: 170 g

A szakács jegyzetei

Érték adagonként	
Kalória	236
Zsírkalória (75%)	177
	% Napi adag
Összes zsír 20,3 g	31
Telített zsír 2,5 g	13%
Koleszterin 0 mg	0%
Nátrium 79,7 mg	3%
Kálium 256 mg	7%
Összes szénhidrát 15,5 g	5%
Rost 3,8 g	15%
Cukor 10 g	
Protein 1,0 g	2%

Avokádó saláta kehely

Ez a saláta az ízek pompás keveréke. A Fresno chili paprika hasonlít a jalapeño-hoz, de ez piros és nem olyan erős. Nem kötelező, de aki szereti az erőset, az élvezheti a gyümölcsös forró ízt a háttérben.

1 (400 g) doboz articsóka szív, leszűrve, negyedelve
1 (400 g) doboz pálma szív, szeletelve
½ kis vörös hagyma, vékonyra szeletelve
1 kis apróra vágott ecetes kapor
1 kis Fresno chili, darált (ízlés szerint)
30 g darabosra vágott friss koriander
2 közepes avokádó, lehetőleg Hass, hámozva és 1.5 cm-es kockákra vágva
3 evőkanál fehér bor ecet
só és bors ízlés szerint
8 nagy vajsaláta levél a tálaláshoz

Elkészítés

1 Egy közepes keverőtálban, keverjük össze az articsóka szíveket, a pálma szíveket, a hagymát, az ecetes kaprot, a koriandert és a chili paprikát (ha használjuk). Tegyük bele az avokádót, az ecetet, sót és a frissen őrölt borsot. Finoman keverjük el, hogy az ízek összeérjenek, de az avokádó ne törődjön össze.
2 Kanalazzuk a salátalevelekbe és hűtve tálaljuk.

Adag: 4

Előkészületek: 15 perc

Tápérték adatok

Egy adag: 2 salátalevél, 115g töltelékkel

Érték adagonként	
Kalória	195
Zsírkalória (60%)	117
	% Napi adag
Összes zsír 14 g	22%
Telített zsír 2 g	10%
Koleszterin 0 mg	0%
Nátrium 277 mg	12%
Kálium 1.023 mg	29%
Összes szénhidrát 17,4 g	6%
Rost 10,3 g	41%
Cukor 2,1 g	
Protein 5,9 g	12%

A szakács jegyzetei

Cékla és alma saláta

A cékla elég édes és a tormával kellemesen bizsergő ízt ad a háttérben. Hogy mennyi tormát használunk, az attól függ, hogy milyen erős fajta.

4 nagy cékla
5 kakukkfű ág
120 ml extra szűz olíva olaj
60 ml almabor ecet
1 kiskanál Dijoni mustár
3 evőkanál kész torma
só és bors ízlés szerint
1 papírvékonyra szeletelt zöld alma

Elkészítés

1 Melegítsük elő a sütőt 190°C-ra.
2 Egy sütőtálban enyhén hintsük meg a céklát és a kakukkfüvet olíva olajjal. Ízesítsük sóval, borssal. Takarjuk be fóliával és süssük, amíg a cékla megpuhul, kb. ¾ -1 óra. Utána hámozzuk meg és vágjuk 2 cm-es kockákra.
3 Egy nagy edényben keverjük össze a mustárt és az ecetet. Utána adjuk hozzá a maradék olajat és jól keverjük el. Tegyük bele a tormát is, sót és borsot, ha szükséges és forgassuk jól össze.
4 Rakjuk tányérokra és tegyük rá az almaszeleteket.

Adag: 8

Előkészületek: 30 perc
Sütés / főzés: 1 óra

Tápérték adatok

Egy adag: 230 g

A szakács jegyzetei

Érték adagonként	
Kalória	162
Zsírkalória (75%)	121
	% Napi adag
Összes zsír 13,7 g	21%
Telített zsír 1,9 g	10%
Koleszterin 0 mg	0%
Nátrium 79,4 mg	3%
Kálium 261 mg	7%
Összes szénhidrát 9,5 g	3%
Rost 2,6 g	10%
Cukor 6,7 g	
Protein 1,3 g	3%

Vegyes saláta

Ez egy ideális nyári ebéd. Az avokádó felső harmadát használhatjuk a salátában vagy turmix italban.

- 115 g apróra vágott saláta levél
- 1,5 cm-es szelet paradicsom (lehetőleg heirloom)
- 2 - 3 articsóka szív szűrve, negyedelve
- ¼ közepes édes hagyma, vékonyra szeletelve
- 5 félbevágott szendvics vagy koktél paradicsom
- 5 kalamata olívabogyó, hosszában kettévágva
- ½ avokádó (lehetőleg Hass)
- 1 kanál tojás saláta (117. oldal)
- 14 g füstölt lazac, apróra vágva
- egy loccsantásnyi a kedvenc salátaöntetünkből

Elkészítés

1. Szórjuk az apróra vágott salátaleveleket egy tányérra és tegyük a paradicsomszeletet a közepére. Helyezzük el köré az articsóka szíveket, a hagymát, az apró paradicsomokat és az olívabogyókat. Tegyük félre.
2. Vágjuk le az avokádó felső harmadát a mag körül. Egy csavarással vegyük ketté, majd dobjuk el a magját. Egy kicsit vágjunk le az aljából, hogy felállítva megálljon, mint egy tál. Óvatosan hámozzuk meg és tegyük a paradicsom szeletre.
3. Egy fagylaltkanállal (vagy egy kanállal) töltsük ki az avokádó mag helyét tojássalátával.
4. A füstölt lazac darabokat szórjuk az avokádóra és köré, a salátára. Hintsük meg salátaöntettel és szolgáljuk fel.

Adag: 1

Előkészületek: 10 perc

Tápérték adatok

A szakács jegyzetei

Érték adagonként	
Kalória	284
Zsírkalória (58%)	166
	% Napi adag
Összes zsír 19,4 g	30%
Telített zsír 2 g	10%
Koleszterin 3,3 mg	1%
Nátrium 678 mg	28%
Kálium 1.032 mg	29%
Összes szénhidrát 24,9	8%
Rost 12,3 g	49%
Cukor 1,8 g	
Protein 8,5 g	17%

Tojás saláta

Használhatunk több joghurtot és kevesebb majonézt, ha savanykásabban szeretjük.

4 nagy keményre főtt tojás, megpucolva
60 g vékonyra vágott zöldhagyma (a fehér és a világoszöld része)
60 g majonéz
2 evőkanál görög joghurt
½ kiskanál Dijoni mustár (lehet több is, ha úgy szeretjük)
¼ kiskanál só
¼ kiskanál fekete bors
¼ kiskanál kurkuma (ízlés szerint)
½ kiskanál curry por (ízlés szerint)

Elkészítés

1 Egy közepes keverőtálban reszeljük le a főtt tojást és jól keverjük össze a többi hozzávalóval.
2 Kóstoljuk meg és adjunk hozzá sót és borsot ha szükséges.

Adag: 4

Előkészületek: 15 perc
Sütés / főzés: 15 perc
Várakozás: 12 perc

Tápérték adatok

Egy adag: 75 g

A szakács jegyzetei

Érték adagonként	
Kalória	145
Zsírkalória (64%)	93
	% Napi adag
Összes zsír 10,4 g	16%
Telített zsír 2,5 g	12%
Koleszterin 191 mg	64%
Nátrium 326 mg	14%
Kálium 103 mg	3%
Összes szénhidrát 5,7 g	2%
Rost, 3 g	1%
Cukor 2,4 g	
Protein 7 g	14%

Vegyes zöldség saláta

Ez a recept Regina barátnőm férjétől, Vadimtól való. Ő orosz bevándorló volt és szenvedélyesen szeretett főzni, főképp hagyományos orosz ételeket. Azt nem tudom, hogy ez a recept orosz-e, de vendégeim között mindig biztos siker.

4 kis piros burgonya, negyedelve
230 g karfiol
230 g zsenge répa, vastagon szeletelve
230 g fagyasztott zsenge zöldborsó
1 db Granny Smith vagy Macintosh alma, hámozva, csutkázva, apróra vágva
1 kis vékonyra vágott édes hagyma
1 kis cukkíni vagy sárga tök, hosszában félbevágva, majd keresztben 1.2 cm-es darabokra vágva
75 g szeletelt, sült csemegepaprika

A saláta öntethez

170 g majonéz
1 evőkanál almabor ecet
60 g édes ecetes lé
½ evőkanál Dijoni mustár
½ kiskanál apróra vágott friss kapor
½ kiskanál só
½ evőkanál cukor vagy egyenértékű édesítőszer
¼ kiskanál frissen őrölt fekete bors

Elkészítés

1 Tegyük egy nagy lábasba a krumplit és öntsünk rá annyi vizet, hogy 5 cm-re eltakarja, forraljuk fel, dobjuk bele a répát és a karfiolt, majd forraljuk, amíg minden megpuhul. Adjuk hozzá a fagyasztott borsót az utolsó 5 percben.
2 Szűrjük le a zöldségeket, öblítsük le hideg vízzel, hogy ne főjjön tovább, majd tegyük egy nagyobb keverőtálba és hagyjuk teljesen lehűlni.
3 Egy kis tálban keverjük össze az almát, hagymát, cukkínit és a sült paprikát. Tegyük hozzá a zöldségekhez és óvatosan forgassuk meg.

A salátaöntet

4 Az öntet hozzávalóit keverjük jól össze egy közepes keverőtálban
5 Öntsük a zöldségekre úgy, hogy egyenletesen takarja mindet. Tegyük félre 2-3 órára, hogy összeérjenek az ízek, mielőtt szobahőmérsékleten tálaljuk.

Adag: 8

Előkészületek: 30 perc

Tápérték adatok

Egy adag: 170 g

A szakács jegyzetei

Érték adagonként	
Kalória	182
Zsírkalória (37%)	67
	% Napi adag
Összes zsír 7,6 g	12%
Telített zsír 1,1 g	6%
Koleszterin 5,7 mg	2%
Nátrium 365 mg	15%
Kálium 528 mg	15%
Összes szénhidrát 27,1 g	9%
Rost 2,9 g	12%
Cukor 5,7 g	
Protein 3,2 g	6%

Ecetes céklás tzatziki saláta

A tzatziki egy görög előétel, de szószként is használják souvlakihoz és gyroshoz is. Kecske vagy juh joghurtból készítik, általában uborkával, fokhagymával, sóval, olíva olajjal és borssal keverve szolgálják fel. Néha citromlé, petrezselyem is kerül bele kaporral és mentával. Mindig hidegen tálalják. Ebben a receptben az ecetes cékla érdekes színt kölcsönöz neki.

230 g natúr görög joghurt
115 g reszelt ecetes cékla
113 g morzsolt feta sajt
2 szál zöldhagyma, vékonyra vágva (a fehér és a világoszöld rész)
só és frissen őrölt bors, ízlés szerint

Elkészítés

1 Egy közepes keverőtálban keverjük össze a hozzávalókat. Kóstoljuk meg, hogy kell-e még sózni, borsozni. Öntsük tányérokba.
2 Hűtve tálaljuk salátaként vagy köretként.

Adag: 6

Előkészületek: 5 perc

Tápérték adatok

Egy adag: 75 g

A szakács jegyzetei

Érték adagonként	
Kalória	100
Zsírkalória (41%)	41
	% Napi adag
Összes zsír 4,7 g	7%
Telített zsír 3,2 g	16%
Koleszterin 19,1 mg	6%
Nátrium 338 mg	14%
Kálium 171 mg	5%
Összes szénhidrát 10 g	3%
Rost 1,1 g	4%
Cukor 6 g	
Protein 5,1 g	10%

Szószokkal nagy mértékben meg lehet könnyíteni a nyelést, a pácokkal pedig fel lehet puhítani a proteinek rostjait. Azt azért jegyezzük meg, hogy a szószok és a pácok csak egy bizonyos fokig segítenek. Magának az ételnek is kell tartalmaznia elég nedvességet, hogy könnyen nyelhető legyen.

Veracruz szósz (131. oldal) és zeller püré (151. oldal) sült tengeri sügérrel és brokkolival

Fehér mártás (132. oldal) és Kauli pilaf (rizi-bizi) (156. oldal) grillezett lazaccal

Cheddar sajt szósz (124. oldal)

Szardella szósz

Ez a szósz jól megy a grillezett sztékhez vagy olyan húsos halakhoz, mint a tonhal. Nem kell megijedni, a szardella krémnek egyáltalán nincs erős hal íze, ellenben testes és selymes!

1 közepes gerezd fokhagyma
1 evőkanál darabosra vágott tárkony
4 hámozott, negyedelt mogyoróhagyma
2 evőkanál sótlan vaj
6 evőkanál habtejszín
1½ evőkanál szardella krém

Elkészítés

1 Egy kis turmixgépbe dobjuk bele a fokhagymát és vágjuk apróra. Tegyük bele a tárkonyt és dolgozzuk el azt is finomra, végül a mogyoróhagymát is tegyük bele és aprítsuk fel a géppel.
2 Egy kis serpenyőben olvasszuk fel a vajat közepes lángon, majd adjuk hozzá a hagyma keveréket a turmixból és pirítsuk, amíg a mogyoróhagyma megpuhul, kb. 5 percig.
3 Adjuk hozzá a habtejszínt és a szardella krémet és lassan kevergessük, amíg besűrűsödik, kb. 5 percig. Ne hagyjuk felforrni.

Adag: 2

Előkészületek: 10 perc
Sütés / főzés: 10 perc

Tápérték adatok

Egy adag: kb. 3 evőkanálnyi szósz

A szakács jegyzetei

Érték adagonként	
Kalória	302
Zsírkalória (85%)	257
	% Napi adag
Összes zsír 29,2 g	45%
Telített zsír 18,2 g	91%
Koleszterin 86,6 mg	29%
Nátrium 234 mg	10%
Kálium 209 mg	6%
Összes szénhidrát 8,3 g	3%
Rost, 1 g	<1%
Cukor, 1 g	
Protein 3,6 g	7%

BBQ szósz

Ez egy pompás verzió, amit Rachael Ray-tól vettem át. Grillekhez kitűnő, de használhatjuk mártogatni vagy akár szendvicsekhez.

230 g bio ketchup
2 evőkanál Dijoni mustár
2 evőkanál sötét barna cukor (vagy pálmacukor)
2 evőkanál juhar (vagy agavé) szirup
2 evőkanál almabor ecet
2 evőkanál Worcestershire szósz
1 kiskanál fekete bors
1 evőkanál bourbon vagy whiskey (ízlés szerint)
2 nagy gerezd zúzott fokhagyma
egy fél narancs leve

Elkészítés

1 Keverjük össze a hozzávalókat egy kis serpenyőben és pároljuk lassú tűzön, időnként kevergetve 20 percig. Üveg edényben egy hétig tárolhatjuk.

Adag: 8

Előkészületek: 10 perc
Sütés / főzés: 20 perc

Tápérték adatok

Egy adag: 60 g

A szakács jegyzetei

Érték adagonként	
Kalória	70
Zsírkalória (3%)	2
	% Napi adag
Összes zsír, 3 g	<1%
Telített zsír 0 g	<1%
Koleszterin 0 mg	0%
Nátrium 425 mg	18%
Kálium 189 mg	5%
Összes szénhidrát 16,4 g	5%
Rost, 3 g	1%
Cukor 14,1 g	
Protein, 8 g	2%

Turmixolt hollandi szósz

A cayenne paprika, ami általában a hozzávalók között van, itt hiányzik. Helyettesíthetjük egy kis Dijoni mustárral vagy fehérborssal, ha el tudjuk viselni.

115 g sós vaj
2 nagy tojás sárgája
2 kiskanál friss citromlé
$^{1}/_{8}$ kiskanál Dijoni mustár
csipet fehér bors
1 evőkanál forró víz

Elkészítés

1 Egy kis serpenyőben olvasszunk vajat és hevítsük, amíg buborékok képződnek benne. Öblítsünk ki egy kis turmixgépet forró vízzel.

2 Tegyük a tojás sárgáját, a citrom levet, mustárt és a fehér borsot a turmixgépbe és turmixoljuk néhány másodpercig.

3 Turmixolás közben vegyük ki a fedő közepét és öntsük bele az olvadt, forró vajat. Először cseppenként, majd ahogy a keverék sűrűsödik, egyenletes sugárban, amíg egész sűrű lesz. Folyamatosan adagolt forró vízzel elérhetjük a kívánt sűrűséget.

Adag: 4

Előkészületek: 5 perc
Sütés / főzés: 5 perc

Tápérték adatok

Egy adag: kb. 2 - 3 evőkanálnyi szósz

A szakács jegyzetei

Érték adagonként	
Kalória	232
Zsírkalória (96%)	223
	% Napi adag
Összes zsír 25,3 g	39%
Telített zsír 15,4 g	77%
Koleszterin 153 mg	51%
Nátrium 9,2m	<1%
Kálium 17,3 mg	<1%
Összes szénhidrát, 5 g	<1%
Rost, 1 g	<1%
Cukor, 1 g	
Protein 1,6 g	3%

Tanácsok

A vajat könnyebben lehet csőrös edényből vagy mérőpohárból önteni a turmixgépbe.
Tegyük párolt spárgára vagy más zöldségre és természetesen buggyantott tojásra.

Cheddar sajt szósz

Sült burgonyán vagy zöldségen nagyon finom, de kipróbálhatjuk a Tostada kazalon is (93. oldal)

240 ml mandula tej (bio, édesítő nélkül)
1½ evőkanál kukorica keményítő (vagy nyílgyökér)
¼ kiskanál mustárpor (lehetőleg Coleman's márka)
¼ kiskanál só
1 evőkanál apróra vágott pimientó (vagy csemege paprika
170 g reszelt, erős, fehér cheddar sajt

Elkészítés

1 A hozzávalókat, a sajt kivételével tegyük a turmixgépbe és turmixoljuk simára.
2 Öntsük egy kis serpenyőbe és közepes lángon kevergetve melegítsük, amíg besűrűsödik. Adagoljuk hozzá a sajtot és kevergessük, amíg felolvad.

Adag: 6
Mennyiség: 355 ml

Tápérték adatok

Egy adag: 60 ml

A szakács jegyzetei

Érték adagonként	
Kalória	67
Zsírkalória (62%)	42
	% Napi adag
Összes zsír 4,2 g	7%
Telített zsír 3 g	15%
Koleszterin 14,8 mg	5%
Nátrium 187 mg	8%
Kálium 26,8 mg	<1%
Összes szénhidrát 2,4 g	<1%
Rost 0 g	<1%
Cukor, 1 g	
Protein 3,6 g	7%

Currys szezám szósz

Könnyű és ízletes párolt zöldségekkel vagy sült burgonyával. Ha enyhébb ízt szeretnénk, akkor keverjünk bele egy kis natúr joghurtot vagy tejszínt.

240 ml víz
150 g tahini (szezámmag paszta)
1 evőkanál curry por
2 evőkanál Tamari szója szósz (glutén mentes)

Elkészítés

1 Mérjük a hozzávalókat egyenesen a turmixgépbe és turmixoljuk simára. Utána öntsük az egészet egy kis serpenyőbe és lassú tűzön, folyamatosan kevergessük, amíg besűrűsödik.

2 Vegyük le a tűzről, takarjuk le és hagyjuk, hogy az ízek összeérjenek. Kóstoljuk meg, ízesítsük ha szükséges és szolgáljuk fel.

Adag: 4

Előkészületek: 5 perc
Sütés / főzés: 10 perc

Tápérték adatok

Egy adag: 60 ml

A szakács jegyzetei

Érték adagonként	
Kalória	239
Zsírkalória (68%)	163
	% Napi adag
Összes zsír 19,4 g	30%
Telített zsír 2,7 g	14%
Koleszterin 0 mg	0%
Nátrium 535 mg	22%
Kálium 210 mg	6%
Összes szénhidrát 11,9 g	4%
Rost 4,3 g	17%
Cukor, 2 g	
Protein 8,3 g	17%

Tanácsok

A Tamari szója szósz általában glutén mentes, de azért ellenőrizzük a címkét.

Friss mentás öntet

Ez csodálatos grillezett báránybordával, de ugyanolyan pompás hallal is

2 evőkanál fehér borecet
½ kiskanál méz
½ kiskanál zúzott fokhagyma
60 ml extra szűz olíva olaj
75 g csomagolt friss menta levél, apróra vágva
1 közepes lukullus paradicsom, kimagozva és apróra vágva
só és frissen őrölt bors, ízlés szerint

Elkészítés

1 Egy közepes, jól zárható edénybe tegyük bele a hozzávalókat. Szorítsuk rá a fedelet és erősen rázzuk össze, hogy jól elkeveredjenek.

2 Tegyük a hűtőszekrénybe legalább egy órára, hogy az ízek összeérjenek. Felszolgálás előtt még egyszer rázzuk össze.

Adag: 4

Előkészületek: 10 perc

Tápérték adatok

Egy adag: kb. 2 - 3 evőkanálnyi öntet

A szakács jegyzetei

Érték adagonként	
Kalória	133
Zsírkalória (90%)	120
	% Napi adag
Összes zsír 13,6 g	21%
Telített zsír 1,9 g	9%
Koleszterin 0 mg	0%
Nátrium 3,4 mg	<1%
Kálium 130 mg	4%
Összes szénhidrát 3,4 g	1%
Rost, 7 g	3%
Cukor 1,9 g	
Protein, 5 g	1%

Mogyorós szósz

Főtt zöldségeken egyedülálló.

2 evőkanál mogyoróvaj
2 evőkanál juhar (vagy agavé) szirup
2 evőkanál Tamari szója szósz
60 ml víz
1 evőkanál frissen facsart narancslé

Elkészítés

1 Tegyük a hozzávalókat egy szorosan zárható edénybe és rázzuk, amíg sima lesz, vagy turmixoljuk össze.

Adag: 4
Mennyiség: 120 ml

Előkészületek: 5 perc

Tápérték adatok

Egy adag: 2 evőkanálnyi szósz

A szakács jegyzetei

Érték adagonként	
Kalória	108
Zsírkalória (63%)	68
	% Napi adag
Összes zsír 8,1 g	12%
Telített zsír 1,7 g	8%
Koleszterin 0 mg	0%
Nátrium 506 mg	21%
Kálium 131 mg	4%
Összes szénhidrát 5,7 g	2%
Rost 1 g	4%
Cukor 3,6 g	
Protein 5 g	10%

Tanácsok

Kesu dió vaj vagy mandula vaj is használható a mogyoró vaj helyett.

Paprika szósz

Magyar őseim forognak sírjaikban, hogy konzerv paprikát és paradicsomot használok, de a nyelési nehézségekkel küzdők számára ez jobban bevált, mint a friss. Az íze tökéletes és a füstölt paprikával kicsit meg lehet bolondítani. Tehetjük tésztára, főtt halra vagy más protein tartalmú ételre.

- 1 evőkanál sótlan vaj
- ½ evőkanál olíva olaj
- 1 nagy, apróra vágott hagyma
- ½ kiskanál zúzott fokhagyma (ízlés szerint)
- 230 g sült csemege paprika
- ½ evőkanál paprika (édes, magyar)
- ½ evőkanál füstölt paprika
- ½ (410 g) doboz kockára vágott paradicsom (leszűrve, leve félretéve)
- ½ kiskanál só
- ¼ kiskanál frissen őrölt fekete bors
- 60 g tejföl vagy natúr joghurt

Elkészítés

1. Egy nagy serpenyőben közepes lángon olvasszuk fel a vajat az olíva olajjal, tegyük bele a hagymát és pirítsuk, amíg kicsit megbarnul, kb. 8 percig. Ha kívánjuk, keverjük bele a fokhagymát.
2. Adjuk hozzá a paprikát és pirítsuk még kb. 5 percig, sűrűn kevergetve.
3. Vegyük le a serpenyőt a tűzről és szórjuk meg az édes és a füstölt paprikával. (Ha a paprika megég, akkor keserű lesz.) Keverjük jól el.
4. Amint a paprika elkeveredett, adjuk hozzá a paradicsomot és tegyük vissza a tűzre. Sózzuk, borsozzuk ízlés szerint és nagyon kis lángon pároljuk még vagy 20 percig. Időnként keverjük meg és a paradicsom konzerv levével hígítsuk, hogy eléggé nedves maradjon.
5. Keverjük bele a tejfölt, kóstoljuk meg és ízesítsük ha szükséges, majd öntsük egy fémkéses konyhai robotgépbe. Dolgozzuk simára és kaparjuk le az edény oldaláról, ha szükséges.
6. Szolgáljuk fel főtt hallal vagy tésztával.

Adag: 4

Előkészületek: 15 perc
Sütés / főzés: 20 perc

Tápérték adatok

Egy adag: 80 ml

A szakács jegyzetei

Érték adagonként	
Kalória	74
Zsírkalória (59%)	44
	% Napi adag
Összes zsír 5 g	8%
Telített zsír 2,3 g	11%
Koleszterin 8,6 mg	3%
Nátrium 304 mg	13%
Kálium 153 mg	4%
Összes szénhidrát 6,7 g	2%
Rost 1,5 g	6%
Cukor 2,8 g	
Protein 1,6 g	3%

Tengeri pác

Nagyon szeretem a friss koriandert. Ez egy nagyon finom pác.

60 g apróra vágott friss koriander
1 zöldhagyma 2.5 cm-es szeletekre vágva
1 evőkanál olíva olaj
1 evőkanál tamari szója szósz
1 evőkanál hámozott, reszelt friss gyömbér
1 evőkanál friss lime (zöldcitrom) lé
1 kiskanál pörkölt szezám olaj

Elkészítés

1 Turmixoljuk pürévé a hozzávalókat egy turmixgépben. Utána öntsük egy nagyobb edénybe és pácoljuk benne a tengeri halat 10 percig.

Adag: 4

Előkészületek: 15 perc

Tápérték adatok

Egy adag: kb. 1 evőkanálnyi pác

A szakács jegyzetei

Érték adagonként	
Kalória	53
Zsírkalória (77%)	40
	% Napi adag
Összes zsír 4,6 g	7%
Telített zsír, 6 g	3%
Koleszterin 0 mg	0%
Nátrium 139 mg	6%
Kálium 102 mg	3%
Összes szénhidrát 2,9 g	<1%
Rost, 8 g	3%
Cukor, 7 g	
Protein, 8 g	2%

Tahinis joghurt szósz

Legjobb szobahőmérsékleten felszolgálni, hogy az összes íz érvényesüljön, grillezett pisztrángon csodálatos. Ezt a szószt Steven Raichen, a grillező guru ihlette.

3 evőkanál görög joghurt
3 evőkanál friss citrom lé
2 evőkanál tahini (szezámmag paszta)
½ kiskanál zúzott fokhagyma
½ kiskanál őrölt kömény
2 kiskanál tamari szója szósz
zöldhagyma zöldje apróra vágva vagy snidling díszítéshez

Elkészítés

1 Egy kis edényben keverjük össze a hozzávalókat a (díszítés nélkül), majd ízlés szerint ízesítsük sóval, frissen őrölt borssal. Tálalás előtt szórjuk rá a zöldhagymát vagy snidlinget.

Adag: 4
Mennyiség: 120 ml

Előkészületek: 5 perc

Tápérték adatok

Egy adag: 120 ml

A szakács jegyzetei

Érték adagonként	
Kalória	791
Zsírkalória (73%)	576
	% Napi adag
Összes zsír 68,2 g	105%
Telített zsír 9,3 g	46%
Koleszterin 1,4 mg	<1%
Nátrium 105 mg	4%
Kálium 557 mg	16%
Összes szénhidrát 33,5 g	11%
Rost 11,3 g	45%
Cukor 1,6 g	
Protein 22,7 g	45%

Veracruzi szósz

Ebben az ízletes szószban csirkét vagy halat süthetünk.

1 közepes, vékonyra szeletelt hagyma
6 gerezd vékonyra szeletelt fokhagyma
1 (400 g) doboz kockázott paradicsom a levével együtt
2 babér levél
1 kiskanál zúzott oregánó levél (lehetőleg mexikói)
1 evőkanál olíva olaj
170 g pimentóval töltött, szeletelt zöld olíva bogyó
2 evőkanál leszűrt kapri bogyó
1 kiskanál só
frissen őrölt fekete bors, ízlés szerint
2 evőkanál apróra vágott friss petrezselyem a díszítéshez

Elkészítés

1 Egy nagy serpenyőben közepes lángon melegítsük fel az olíva olajat és karamellizáljuk benne a hagymát, kb. 6 percig. Tegyük hozzá a fokhagymát és kevergetve süssük még egy percig.
2 Adjuk hozzá a paradicsomot és a többi hozzávalót a petrezselyem nélkül. Gyakran kevergetve főzzük, amíg a paradicsom megpuhul és a szósz besűrűsödik, kb. 15 percig.
3 Ízesítsük sóval, borssal ízlés szerint.
4 Tálaljuk apróra vágott petrezselyemmel díszítve.

Adag: 4

Előkészületek: 15 perc
Sütés / főzés: 20 perc

Tápérték adatok

Egy adag: 115 g

A szakács jegyzetei

Érték adagonként	
Kalória	70
Zsírkalória (48%)	34
	% Napi adag
Összes zsír 3,9 g	6%
Telített zsír, 5 g	3%
Koleszterin 0 mg	0%
Nátrium 1.149 mg	48%
Kálium 187m	5
Összes szénhidrát 8,8 g	3%
Rost 2,7 g	11%
Cukor 2,5 g	
Protein 1,5 g	3%

Fehér mártás

Ezt a mártást a vacsoravendégeimnek szoktam felszolgálni. Alig hihető, hogy a fő összetevője a karfiol. Remek ízt ad a mártásnak a citromízesítésű lenmag olaj, ami savanyítja és gazdagítja azt. Egy pici Dijoni mustár egy kis bizsergető ízt ad neki.

340 g karfiol
710 ml víz
1 kiskanál só
1 evőkanál citrom ízesítésű lenmag olaj
120 ml habtejszín
fehér bors, ízlés szerint

Elkészítés

1 Egy nagy serpenyőbe tegyük bele a karfiolt, vizet és a sót. Hozzuk forrásba és lassú tűzön forraljuk, míg a karfiol megpuhul, 25-30 percig.
2 Vegyük le a tűzről és tegyünk félre 120 ml-t a vízből, majd öntsük le a többi vizet.
3 Tegyük a karfiolt, a lenmag olajat és a habtejszínt a turmixgépbe és turmixoljuk simára, tegyünk hozzá a vízből, amiben főtt, hogy a kívánt sűrűségű legyen. Ízesítsük sóval, fehér borssal, ha szükséges.

Adag: 4

Előkészületek: 10 perc
Sütés / főzés: 30 perc

Tápérték adatok

Egy adag: 240 ml

A szakács jegyzetei

Érték adagonként	
Kalória	115
Zsírkalória (85%)	98
	% Napi adag
Összes zsír 11,2 g	17%
Telített zsír 6,9 g	34%
Koleszterin 40,1 mg	14%
Nátrium 1.194 mg	50%
Kálium 174 mg	5%
Összes szénhidrát 3,3 g	1%
Rost 1 g	4%
Cukor 1 g	
Protein 1,6 g	3%

Tanácsok

Különösen ízletes grillezett vagy roston sült lazaccal.

Ezek a legkönnyebben elkészíthető, könnyen rágható ételek között vannak. Emellett gazdag proteinforrás, kevés zsírral. Ha a tengeri ételek széles választékát kombináljuk a különböző elkészítési módokkal, akkor megértjük, hogy ezek között a receptek között miért van annyi kedvenc.

Rákkal töltött portobello gombák (140. oldal) és Arame alga saláta (111. oldal)

Hal pergamenben (141. oldal)

Rákos sajtos pite (137. oldal)

Fésűkagyló ezer sziget mártásban (144. oldal) és rizi bizi (156. oldal)

Beaufort tőkehal

Ezt az egyszerű receptet a sógornőmtől kaptam. Más fehér halhoz is lehet használni, mint tőkehal vagy laposhal.

2 (115 g) tőkehal filé
só és bors ízlés szerint
2 kiskanál olaszos fűszerkeverék
1 evőkanál olíva olaj
1 (400 g) doboz kockázott paradicsom a levével
½ citrom leve

Elkészítés

1 A hal mindkét oldalát fűszerezzük meg sóval, borssal és az olaszos keverékkel.
2 Egy közepes serpenyőben melegítsünk olíva olajat közepes-magas lángon. Tegyük bele a halat a húsos oldalával lefelé és süssük 2 percig, majd óvatosan fordítsuk meg egy halspatulával. Adjuk hozzá a paradicsomot a levével együtt és a citromlevet, fedjük le és süssük még 5-7 percig, amíg a hal könnyen foszlóssá válik.
3 Ízesítsük sóval és borssal ízlés szerint és tálaljuk.

Adag: 2

Előkészületek: 5 perc
Sütés / főzés: 10 perc

Tápérték adatok

Egy adag: 1 tőkehal szelet

A szakács jegyzetei

Érték adagonként	
Kalória	170
Zsírkalória (39%)	67
	% Napi adag
Összes zsír 7,5 g	12%
Telített zsír 1,1 g	5%
Koleszterin 54,5 mg	18%
Nátrium 1.304 mg	54%
Kálium 529 mg	15%
Összes szénhidrát 7,5 g	3%
Rost 1,5 g	6%
Cukor 3,6 g	
Protein 18,8 g	38%

Sajtos harcsa

Csak 3 hozzávaló, de várj, míg megkóstolod!

2 harcsa filé (vagy más fehér hal filé)
2 evőkanál majonéz
2 evőkanál görög natúr joghurt
60 g reszelt parmezán sajt
1 kiskanál olaszos fűszerkeverék (vagy száraz bazsalikom

Elkészítés

1 Melegítsük elő a sütőt 190°C-ra.
2 A hal mindkét oldalát szórjuk meg sóval és borssal. Majd tegyük egy fóliával bélelt és olajspray-vel befújt tepsibe.
3 Egy kis tálban keverjük össze a maradék hozzávalókat. Vastagon kenjük rá a harcsára. Süssük 15-20 percig, amíg a teteje megbarnul.

Adag: 2

Előkészületek: 5 perc
Sütés / főzés: 15 perc

Tápérték adatok

Egy adag: 1 harcsa filé

A szakács jegyzetei

Érték adagonként	
Kalória	299
Zsírkalória (52%)	155
	% Napi adag
Összes zsír 17,4 g	27%
Telített zsír 4,7 g	23%
Koleszterin 99,3 mg	33%
Nátrium 440 mg	18%
Kálium 524 mg	15%
Összes szénhidrát 5,2 g	2%
Rost, 1 g	<1%
Cukor 1 g	
Protein 28,9 g	58%

Cioppino

Ez egy olasz-amerikai halpaprikás, San Franciscóból származik, az 1800-as évek végéről. Rák, kagyló, tintahal és hal kombinációjából készül. Ebben a változatban a tőkehal, kagyló és tarisznyarák található.

- 60 ml olíva olaj
- 115 g kockára vágott pancetta, vagy bacon szalonna
- 1 nagy mogyoróhagyma, vagy 1 kis sárga hagyma, apróra kockázva
- 1 Fresno chili, darált (ízlés szerint)
- 1 kiskanál friss, zúzott fokhagyma
- 1 kis babérlevél
- 2 kis zellerszár, apróra vágva
- 4 szál friss kakukkfű
- só és bors ízlés szerint
- 120 ml sherry vagy száraz fehér bor
- 1 (790 g) doboz egész paradicsom, a levével
- 475 ml csirkehúsleves (kockából)
- 6 tépett bazsalikom levél
- 450 g tőkehal darabok
- 450 g fésűkagyló
- 1 evőkanál Old Bay* fűszerkeverék
- 450 g tarisznyarák hús, páncéljáról jól letisztítva
- 60 g apróra vágott friss petrezselyem a díszítéshez

Elkészítés

1. Egy öntöttvas fazékban közepes lángon melegítsük az olíva olajat, süssük 3-5 percig a bakon szalonnát.
2. Tegyük bele a mogyoróhagymát, a chilli paprikát, ha használjuk, a zellert, a babérlevelet, a kakukkfüvet, a sót, a borsot és pirítsuk őket kb. 5 percig, amíg a zöldség megpuhul.
3. Hígítsuk fel a sherryvel vagy a borral, majd vegyük ki a lé felét. Tegyük bele a paradicsomot a levével együtt és törjük össze krumplinyomóval. Adjuk hozzá a csirkehúslevest és kis lángon pároljuk még kb. 10 percig.
4. Fűszerezzük a tőkehalat Old Bay keverékkel és óvatosan tegyük a fazékba. Lassú tűzön főzzük 8-10 percig, majd tegyük bele a rákot és óvatosan forraljuk át.
5. Petrezselyemmel díszítve, levesestálban szolgáljuk fel és adjunk hozzá friss, ropogós kenyeret mártogatni.

Adag: 8

Előkészületek: 30 perc, Sütés / főzés: 30 perc

Tápérték adatok

Egy adag: 340 g

A szakács jegyzetei

Érték adagonként	
Kalória	297
Zsírkalória (44%)	130
	% Napi adag
Összes zsír 14,5 g	22%
Telített zsír 3,4 g	17%
Koleszterin 83 mg	28%
Nátrium 907 mg	38%
Kálium 741 mg	21%
Összes szénhidrát 7,5 g	3%
Rost 1,9 g	8%
Cukor 1,3 g	
Protein 29,5 g	59%

*Old Bay : Tipikus tengeri fűszerkeverék.:mustár, paprika, zellert só, babérlevél, bors, őrölt pirospaprika, szerecsendió, szegfűszeg, szegfűbors, szerecsendió, kardamom, gyömbér.Sütőtök fűszer keverék: ½ kiskanál őrölt fahéj, ¼ kiskanál őrölt gyömbér, 1/8 kiskanál szegfűszeg, 1/8 kiskanál szerecsendió

Rákos sajtos pite

Ha más ízt szeretnénk, helyettesítsük a rákot füstölt lazaccal. A sütemény alap állaga teszi ezt az ételt igazán krémszerűvé és könnyen nyelhetővé.

230 g tarisznyarák hús, páncéljáról jól letisztítva
230 g reszelt erős cheddar sajt
4 - 5 vékonyra szeletelt zöldhagyma (a fehér és világoszöld része)
475 ml tej
230 g sütemény alap
4 nagy tojás
1 evőkanál Dijon mustár
1 kiskanál só

Elkészítés

1. Melegítsük elő a sütőt 200°C-ra.
2. Fújjunk be egy mély pite formát olajspray-vel. Helyezzük a tepsire és tegyük félre.
3. Egy közepes keverőtálban keverjük össze a rákot, a sajtot és a zöldhagymát, majd rendezzük el a pite formában.
4. A turmixgépben dolgozzuk simára a tejet, a sütemény alapot, a tojást, a mustárt és a sót, kb. 1 percig.
5. Öntsük a tésztát a rákos keverékre, süssük 40-45 percig. Hagyjuk pihenni kb. 5 percig mielőtt felvágjuk és tálaljuk.

Adag: 8

Előkészületek: 15 perc
Sütés / főzés: 45 perc
Várakozás: 5 perc

Tápérték adatok

Egy adag: $^{1}/_{8}$ pite

A szakács jegyzetei

Érték adagonként	
Kalória	246
Zsírkalória (44%)	108
	% Napi adag
Összes zsír 12 g	18%
Telített zsír 4,5 g	23%
Koleszterin 137 mg	46%
Nátrium 881 mg	37%
Kálium 320 mg	9%
Összes szénhidrát 19,4 g	6%
Rost 1,7 g	7%
Cukor 7,7 g	
Protein 14,9 g	30%

Rákos crème brûlée

A crème brûlée-t tipikusan desszertként szokták felszolgálni, de ez a dekadens étel Claire Robinsontól pompás főétel.

- 3 cső kukorica, friss, (vagy 340 g fagyasztott, kiolvasztva)
- 475 ml habtejszín
- 1½ kiskanál só
- 1½ kiskanál bors
- 3 nagy tojás
- 2 nagy tojás sárgája
- 225 g tarisznyarák hús, páncéljáról jól letisztítva (vagy homár hús)
- 58 g reszelt Parmigiano-Reggiano sajt

Elkészítés

1 Melegítsük elő a sütőt 165°C-ra. Forraljunk vizet a forralóban a fürdőhöz.
2 Egy közepes serpenyőben közepes lángon keverjük össze a kukoricát, (lemorzsolva) a habtejszínt, a sót és a borsot. Forraljuk fel, majd kis lángon főzzük még 3-5 percig, amíg besűrűsödik.
3 Keverjük el a tojásokat és a sárgájukat egy keverőtálban. Forgassunk bele egy kicsit a kukorica keverékből, hogy kicsit sűrítse a tojást, majd öntsük az egészet a kukorica keverékre.
4 Tegyük az egészet egy turmixgépbe és turmixoljuk simára. Ezután egy szitán keresztül öntsük a turmixot egy edénybe, a szitán fennmaradó darabokat eldobhatjuk.
5 Tegyünk hat 115 ml-es ramekint (mázas kerámiaedényt vagy csészét) egy nagyobb, 5 cm mély sütőtálba és egy merőkanállal egyenlően elosztva merjük beléjük a keveréket.
6 A forró vizet óvatosan töltsük a sütőtálba, hogy a kerámiaedények feléig érjen.
7 Süssük kb. 35 percig. Amikor kész, enyhén remeg, mint a kocsonya. Vegyük ki a sütőből és hagyjuk hűlni 10 percig a sütőtálban, majd vegyük ki a fürdőből.
8 Mindegyik adag tetejére tegyünk egy kis rákot és szórjuk meg sajttal. Tegyük egy tepsibe a hat edényt és grillezzük őket, amíg a sajt barna és ropogós lesz.

Adag: 6

Előkészületek: 15 perc
Sütés / főzés: 30 perc

Tápérték adatok

Egy adag: 1 ramekin

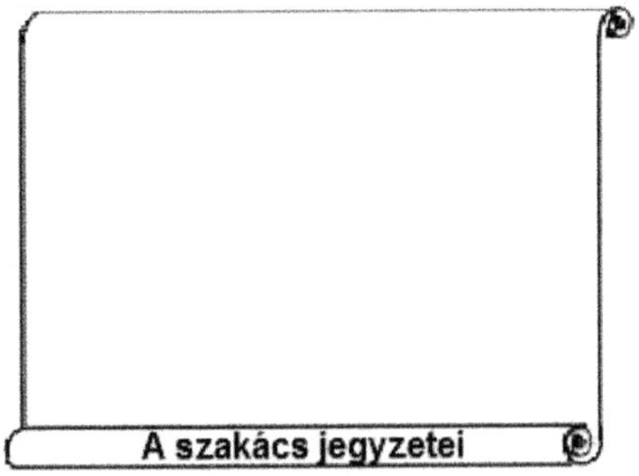

Érték adagonként	
Kalória	263
Zsírkalória (72%)	190
	% Napi adag
Összes zsír 21,6 g	33%
Telített zsír 12,2 g	61%
Koleszterin 226 mg	75
Nátrium 886 mg	37%
Kálium 179 mg	5%
Összes szénhidrát 7,4 g	2%
Rost ,8 g	3%
Cukor 1,1 g	
Protein 11 g	22%

Rák saláta 2

Felszolgálhatjuk salátalevélen vagy egy szelet kenyéren, sajttal a tetején meleg szendvicsként. A férjem a „zöld kenyeret" (a 19. oldalon) kedveli hozzá, mert azt könnyű lenyelni.

100 g tarisznyarák hús, páncéljáról jól letisztítva
1 evőkanál majonéz
1 evőkanál szeletelt mogyoróhagyma
1 közepes reszelt retek
2 kiskanál Dijoni mustár
só és frissen őrölt bors, ízlés szerint

Elkészítés

1 Egy közepes keverőtálban morzsoljuk szét a rákot. Adjuk hozzá a többi hozzávalót és alaposan keverjük el.
2 Fűszerezzük sóval, borssal, ízlés szerint és tálaljuk.

Adag: 1

Előkészületek: 10 perc

Tápérték adatok

A szakács jegyzetei

Érték adagonként	
Kalória	151
Zsírkalória (37%)	55
	% Napi adag
Összes zsír 6,5 g	10%
Telített zsír ,9 g	5%
Koleszterin 100 mg	33%
Nátrium 634 mg	26%
Kálium 288 g	8%
Összes szénhidrát 4,7 g	2%
Rost ,2 g	<1%
Cukor 1,1 g	
Protein 18,8 g	38%

Rákkal töltött portobelló gomba

Próbáljuk ki arame hínár salátába ágyazva (111. oldalon), pompás !

- 2 nagy portobelló gomba kalapja
- 230 g tarisznyarák hús, páncéljáról jól letisztítva
- 85 g lágy krémsajt, (Neufchatel vagy Boursin)
- 2 evőkanál görög joghurt
- 4 – 5 szeletelt mogyoróhagyma
- 60 g apróra vágott friss koriander vagy petrezselyem
- 60 g reszelt parmezán sajt
- só és bors ízlés szerint
- 2 szelet cheddar vagy muenster sajt

Elkészítés

1. Melegítsük elő a sütőt 190°C-ra.
2. Kaparjuk ki a gomba kalapjából a lemezeket és a kalapokat tegyük félre.
3. Egy közepes keverőtálban keverjük össze a rákot, a krémsajtot, a joghurtot, a hagymát, a koriandert és a parmezán sajtot. Sóval, borssal ízesítsük.
4. Kanalazzuk a tölteléket a gomba kalapokba és takarjuk le a sajt szeletekkel.
5. Tegyük a kalapokat egy fóliával bélelt, olajspray-vel befújt tepsibe és süssük 20 percig, amíg a sajt kicsit megbarnul.

Adag: 2

Előkészületek: 15 perc
Sütés / főzés: 20 perc

Tápérték adatok

Egy adag: 1 gomba kalap

Érték adagonként	
Kalória	349
Zsírkalória (45%)	156
	% Napi adag
Összes zsír 17,7 g	27%
Telített zsír 9,9 g	49%
Koleszterin 112 mg	37%
Nátrium 492 mg	21%
Kálium 672 g	19%
Összes szénhidrát 9,5 g	3%
Rost 1,3 g	5%
Cukor 4,7 g	
Protein 17,8 g	36%

A szakács jegyzetei

Hal sütőpapírban 4

Ezzel a módszerrel minden hal elkészíthető, csodálatosan zsírszegény formában. Mivel a sütőpapír felszívja a nedvességet így a torok számára is könnyebb a nyelés. A sütés/főzés ideje a hal szelet vastagságától függ.

4 közepes vékonyra szeletelt gomba
1 közepes cukkíni, 1-2 mm-es csíkokra vágva
4 zöldhagyma, 1-2 mm-es csíkokra vágva(fehér része),
1 közepes kockára vágott paradicsom
60 g szeletelt sült csemegepaprika
1 evőkanál apróra vágott friss koriander, kapor, tárkony, vagy kakukkfű
1 (230 g) harcsa filé 2 darabban, (vagy 2x 115g fehér hal filé)
2 kiskanál olíva olaj
2 evőkanál kagyló lé (vagy száraz fehér bor, víz vagy csirkehúsleves)
só és bors ízlés szerint

Elkészítés

1 Melegítsük elő a sütőt 190°C-ra.
2 Szórjuk bele a zöldségeket és tegyük félre.
3 Vágjunk le 2 darab kb. 45 cm-es sütőpapírt. Hajtsuk őket ketté és vágjuk szív alakúra.
4 Nyissuk ki a papír szíveket és helyezzük el a zöldségeket a hajtás mellett mindkét papíron. Hintsük meg sóval, borssal és szórjuk rá az apróra vágott fűszer ¼ részét. A halfilét tegyük a zöldségre és locsoljuk meg olívaolajjal, kagyló lével vagy fehérborral. A fűszer ¼ részével szórjuk meg a tetejét.
5 Csomagoljuk be a halat és a zöldséget úgy, hogy a kerek résznél kezdve összefogjuk és egymásra hajtjuk a sütőpapírt, a széleit egymásra hajtva összecsavarjuk, hogy egy légmentes zacskót kapjunk.
6 Ismételjük meg ugyanezt a másik sütőpapír szívvel. (a papírzacskókat 4 órával előre elkészíthetjük és behűthetjük.) Sütés előtt hagyjuk, hogy felvegye a szobahőmérsékletet.
7 Tegyük a csomagokat egy tepsire és süssük kb. 12 percig, amíg a papírzacskó megpuffad és a szélein kicsit megbarnul.
8 Óvatosan csúsztassuk a zacskókat előmelegített tányérokra és azonnal tálaljuk.

Adag: 2

Előkészületek: 25 perc
Sütés / főzés: 12 perc

Tápérték adatok

Egy adag: 1 zacskó

A szakács jegyzetei

Érték adagonként	
Kalória	308
Zsírkalória (33%)	101
	% Napi adag
Összes zsír 11,4 g	17%
Telített zsír ,8 g	4%
Koleszterin 98,6 mg	33%
Nátrium 437 g	18%
Kálium 1.295 g	37%
Összes szénhidrát 15 g	5%
Rost 4 g	16%
Cukor 7,8 g	
Protein g	75%

Grillezett fűszeres fehér hal

Használhatunk bármilyen fehér halat, mint például laposhal, nyelvhal, tilápia vagy harcsa.

- 2 (115 g) tilápia filé
- só és frissen őrölt bors, ízlés szerint
- 115 g görög joghurt
- 2 kiskanál garam masala (indiai fűszerkeverék)
- 1 kiskanál őrölt koriander
- ½ kiskanál chili por
- 2 kiskanál zúzott fokhagyma
- 1 evőkanál friss citromlé
- citromgerezdek a díszítéshez

Elkészítés

1. Ízesítsük be a hal mindkét oldalát sóval és borssal.
2. Egy kis tálban keverjük össze a többi hozzávalót a citrom gerezdek nélkül. A keverékkel kenjük be a hal filé mindkét oldalát. Fedjük le és tegyük a hűtőszekrénybe néhány órára.
3. Vegyük ki a hűtőszekrényből, vegyük le a fedőt és rakjuk félre, hogy kicsit felmelegedjen.
4. Melegítsünk fel egy grilles serpenyőt közepes lángon, vegyük ki a halat a szószból, hagyjuk, hogy a fölösleg lecsöpögjön. Finoman tegyük a grilles serpenyőbe és süssük mindkét oldalát 3-4 percig (attól függően, hogy milyen vastag).
5. Tegyük tányérokra és díszítsük citromgerezdekkel.

Adag: 2

Előkészületek: 5 perc
Sütés / főzés: 8 perc

Tápérték adatok

Egy adag: 1 hal filé

A szakács jegyzetei

Érték adagonként	
Kalória	142
Zsírkalória (18%)	26
	% Napi adag
Összes zsír 2,9 g	4%
Telített zsír 1,2 g	6%
Koleszterin 53,5 mg	18%
Nátrium 140 mg	6%
Kálium 478 mg	14%
Összes szénhidrát 6,3 g	2%
Rost ,7 g	3%
Cukor ,3 g	
Protein 23,5 g	47%

Mustáros, juhar szirupos lazac

Ennél könnyebben már nem is lehet elkészíteni.

2 (115 g) lazac filé a bőrével
1 evőkanál magos mustár
1 evőkanál juhar szirup
só és frissen őrölt bors, ízlés szerint

Elkészítés

1 Kapcsoljuk be a sütő grillezőjét. Béleljük ki a grilles serpenyőt fóliával és fújjuk be olajspray-vel. Tegyük félre.
2 Egy kis tálban dolgozzuk össze a mustárt a juhar sziruppal.
3 Hintsük meg a lazac filét sóval, borssal és tegyük a grilles serpenyőbe. Tegyük rá a mustáros keveréket. Grillezzük 4-5 percig, amíg a hal megpuhul és tálaljuk.

Adag: 2

Előkészületek: 5 perc
Sütés / főzés: 5 perc

Tápérték adatok

Egy adag: 1 lazac filé

A szakács jegyzetei

Érték adagonként	
Kalória	314
Zsírkalória (37%)	117
	% Napi adag
Összes zsír 13,2 g	20%
Telített zsír 1,9 g	10%
Koleszterin 109 mg	36%
Nátrium 336 mg	14%
Kálium 1.002 mg	29%
Összes szénhidrát 7,2 g	2%
Rost ,1 g	<1%
Cukor 6 g	
Protein 40 g	80%

Fésűkagyló ezersziget mártásban

Ezt az egyszerű ételt szolgáljuk fel kuszkusszal, vagy a karfiolból készült Kauli Piláffal (156. oldal).

6 nagy fésűkagyló, lába nélkül

60 g ezersziget mártás

Elkészítés

1 Húzzuk le a „lábát" vagyis a kis izmot a kagylóról. Egy konyhai papírkendővel egészen szárítsuk meg. Sóval, borssal ízesítsük mindkét oldalát.

2 Közepes lángon melegítsünk fel egy főzőspray-vel befújt tapadásmentes serpenyőt és süssük, a kagylókat egyik oldalukon, kb. 3 percig, amíg megbarnulnak.

3 Fordítsuk meg őket és öntsük rájuk és köréjük a mártást. Vegyük kicsire a lángot és pároljuk még 2-3 percig, amíg a mártás elkezd bugyogni.

Adag: 2

Előkészületek: 5 perc
Sütés / főzés: 10 perc

Tápérték adatok

Egy adag: 3 kagyló

A szakács jegyzetei

Érték adagonként	
Kalória	147
Zsírkalória (67%)	99
	% Napi adag
Összes zsír 11,2 g	17%
Telített zsír 1,7 g	8%
Koleszterin 19 mg	6%
Nátrium 446 mg	19%
Kálium 126m	4%
Összes szénhidrát 6 g	2%
Rost ,3 g	1%
Cukor 4,7 g	
Protein 5,8 g	12%

Tanácsok

Zöld Istennő öntettel is pompás.

A szerző megjegyzése

Én az Annie's Bio márkát használom.

Fésűkagyló salsa szószban 3

Ezt a verziót a keresztlányom, Anette Friesen receptjéből adaptáltam.

- 2 evőkanál liszt
- 1½ evőkanál édes, magyar paprika
- 1 kiskanál füstölt paprika
- ½ kiskanál chili por
- 6 nagy fésűkagyló, lába nélkül
- 1 nagy piros Bell paprika, kimagozva, felkockázva
- 2 evőkanál földimogyoró olaj (vagy canola olaj) a sütéshez
- 230 g salsa szósz, darabos
- 1 evőkanál vörös borecet
- 1 közepes narancs frissen kinyomott leve

Elkészítés

1. Húzzuk le a „lábát” vagyis a kis izmot a kagylóról. Egy nagy tányérban keverjük össze a lisztet, paprikát és a chili port. Forgassuk meg a kagylókat a lisztes keverékben.
2. Egy közepes serpenyőben közepes lángon melegítsünk olajat. Süssük a kagylók mindkét oldalát 2-2 percig, amíg megbarnulnak. Tegyük át őket tányérokra.
3. Vegyük lejjebb a lángot és adjuk hozzá a salsa szószt, az ecetet és a narancslevet, forraljuk fel és kevergessük, hogy az ízek összeálljanak. Öntsük a szószt a kagylókra és szolgáljuk fel.

Adag: 2

Előkészületek: 5 perc
Sütés / főzés: 5 perc

Tápérték adatok

Egy adag: 3 kagyló

A szakács jegyzetei

Érték adagonként	
Kalória	276
Zsírkalória (49%)	136
	% Napi adag
Összes zsír 15,5 g	24%
Telített zsír 2,6 g	13%
Koleszterin 10,8 mg	4%
Nátrium 975mg	41%
Kálium 911m	26%
Összes szénhidrát 27,6 g	9%
Rost 7,3 g	29%
Cukor 10,2 g	
Protein 10,5 g	21%

Ezek igen könnyen elkészíthetőek és széles skáláját kínálják az ízeknek és a színeknek. Szerencsére a férjem mindet szereti, a káposztafélék kivételével. Természetesen, a sült kacsához ő is megkapja az egy kanálnyi kötelező adagját.

A cukkíni hihetetlenül változatos zöldség és nagyon sok nedvesség van benne, ezért gyakran megjelenik vacsoraidőben a tányérunkon különböző formákban.

Rizi bizi - Kauli Pilaf (156. Oldal) fehér szósszal (132. oldal) és grillezett lazaccal

Vajban pirított cukkíni csíkok

"Francia" saláta

A magyarok hívják "francia" salátának, pedig semmi köze a francia konyhához. Általában Húsvét körül fogyasztják.

230 g fagyasztott borsó és répa
1 kis fehérrépa, hámozva és ½ cm-es kockákra vágva (kb. 75 g)
2 nagy kemény tojás, apróra vágva
1 kis Granny Smith vagy Macintosh alma, csutkázva, hámozva és apróra vágva
170 g tejföl
2 kiskanál Dijoni mustár
1 kiskanál friss citromlé
só és frissen őrölt bors, ízlés szerint

Elkészítés

1 Blansírozzuk a zöldséget sós vízben, amíg puhán ropogós lesz, majd szűrjük le és hagyjuk egészen kihűlni.
2 Egy nagy keverőtálban keverjük össze a zöldségeket a tojást és az almát.
3 Egy közepes keverőtálban, keverjük össze a tejfölt, a mustárt és a citromlevet. Fűszerezzük sóval, borssal és adjunk hozzá még citromlevet, ha szükséges.
4 Öntsük az öntetet a zöldség keverékre, óvatosan forgassuk meg, hogy egyenletesen elkeverd jen. Tálalásig hűtsük le.

Adag: 2

Előkészületek: 15 perc
Sütés / főzés: 15 perc
Várakozás: 3 óra

Tápérték adatok

Egy adag: 230 g

A szakács jegyzetei

Érték adagonként	
Kalória	236
Zsírkalória (31%)	73
	% Napi adag
Összes zsír 8,2 g	13%
Telített zsír 3 g	15%
Koleszterin 192 mg	64%
Nátrium 212 mg	9%
Kálium 498 mg	14%
Összes szénhidrát 30,1 g	10%
Rost 7,3 g	29%
Cukor 14,2 g	
Protein 11,2 g	22%

A szerző megjegyzése

A fehérrépától és az almától elég édes lesz, de ha úgy szeretjük, hintsük meg egy kis cukorral vagy édesítővel. Az öntet azért legyen savanykás.

Kéksajtos felfújt

A felfújt készítése könnyű – tényleg. Csak arra kell emlékezni, hogy a tojásfehérjét gyengéden kell belekeverni. Ilyen egyszerű. Leginkább külön kerámiacsészékben (ramekinekben) szoktam felszolgálni.

3 evőkanál vaj, szétosztva
2 evőkanál reszelt parmezán sajt
2 kiskanál liszt
120 ml tej
115 g összetört kék sajt
frissen őrölt szerecsendió
2 nagy tojás, fehérje, sárgája szétválasztva
1 csipetnyi só

Elkészítés

1 Melegítsük elő a sütőt 190°C-ra. Vajazzunk ki két 230 grammos ramekint egy evőkanál vajjal. Borítsuk be parmezán sajttal, ütögessük ki belőle a fölösleget. Tegyük félre.
2 Egy kis serpenyőben közepes lángon olvasszuk meg a maradék vajat. Keverjük bele a lisztet és pirítsuk még 1 percig.
3 Vegyük le a tűzről és tegyük bele a tört kék sajtot, kevergetve, amíg elolvad. Reszeljük bele a szerecsendiót, majd egyenként keverjük bele a tojás sárgákat és tegyük félre.
4 Egy kis tálban verjük fel a tojás fehérjét, keményre. A tojásfehérje ¼ –ével hígítsuk fel a sajtot. Óvatosan keverjük bele a maradék tojásfehérjét. Kanalazzuk az előkészített ramekinekbe, majd rendezzük el egy tepsin. Süssük kb. 20 percig, amíg felpuffadnak és megbarnulnak. Azonnal tálalhatjuk.

Adag: 2

Előkészületek: 15 perc
Sütés / főzés: 20 perc

Tápérték adatok

Egy adag: 1 felfújt

A szakács jegyzetei

Érték adagonként	
Kalória	387
Zsírkalória (75%)	289
	% Napi adag
Összes zsír 32,7 g	50%
Telített zsír 19,5 g	98%
Koleszterin 261 mg	87%
Nátrium 711 mg	30%
Kálium 245 mg	7%
Összes szénhidrát 6,7 g	2%
Rost ,1 g	<1%
Cukor 3,7 g	
Protein 16,8 g	34%

Tanácsok

Használhatunk Gruyere vagy Cheddar sajtot, ha jobban szeretjük, de NE kukucskáljunk a sütőbe a sütés közben !

Párolt édeskömény 4

Könnyű ánizsos ízével tökéletesen illeszkedik a paradicsomhoz. Ez az egyik kedvencünk.

1 nagy édeskömény gumó, szárak levágva, negyedelve
1 evőkanál olíva olaj
1 nagy vöröshagyma vékonyra szeletelve
1 (400 g) doboz kockára vágott paradicsom a levével
8 nagy zöld olívabogyó, (pimentóval töltve) szeletelve
3 evőkanál kapor
2 evőkanál apróra vágott petrezselyem

Elkészítés

1 Negyedeljük az édeskömény gumót, vágjuk ki a közepét és dobjuk el.
2 Egy nagy serpenyőben melegítsük fel az olíva olajat közepes lángon, tegyük bele az édesköményt és süssük, amíg minden oldala enyhén megbarnul.
3 Adjuk hozzá a hagymát és kevergessük, rázogassuk a serpenyőt, vigyázva, hogy a gumó ne essen szét.
4 Adjuk hozzá a paradicsomot a levével együtt, az olívabogyókat és a kaprot. Takarjuk le és pároljuk, amíg a villa könnyen belemegy. Adjunk hozzá kis vizet, hogy ne ragadjon le.
5 Keverjük bele az apróra vágott petrezselymet és szolgáljuk fel.

Adag: 4

Előkészületek: 10 perc
Sütés / főzés: 20 perc

Tápérték adatok

Egy adag: ¼ édeskömény gumó, szósszal

A szakács jegyzetei

Érték adagonként	
Kalória	270
Zsírkalória (78%)	210
	% Napi adag
Összes zsír 24,5 g	38%
Telített zsír 3,2 g	16%
Koleszterin 0 mg	0%
Nátrium 2.829 mg	118%
Kálium 119 mg	3%
Összes szénhidrát 14,4 g	5%
Rost 7,3 g	29%
Cukor 0 g	
Protein 1,9 g	4%

Párolt vöröskáposzta

Maradékként napokig eláll a hűtőszekrényben és felmelegítve is nagyon jó.

2 evőkanál olíva olaj
1 közepes édes hagyma, vékonyra szeletelve
2 Granny Smith alma, felezve, csutkázva vékonyra szeletelve
1 fej vöröskáposzta, torzsája nélkül, vékonyra vágva
1 evőkanál apróra vágott friss kapor
2 babérlevél
120 ml csirkehúsleves
80 ml almabor ecet
1 evőkanál juhar szirup (vagy agavé szirup)
só és frissen őrölt bors, ízlés szerint

Elkészítés

1 Egy nagy tapadásmentes serpenyőben közepes lángon melegítsünk olíva olajat. Pirítsuk meg benne a hagymát, amíg a hagyma megpuhul, 2-3 percig.
2 Tegyük bele a káposztát, kaprot, a babérlevelet és a csirkehúslevest. Fedjük le és pároljuk, amíg a káposzta megpuhul, 20-25 percig.
3 Keverjük össze a juhar szirupot az ecettel, öntsük a káposztára, keverjük el, sózzuk, borsozzuk, ízlés szerint. Kaporral díszítve tálaljuk.

Adag: 12

Előkészületek: 15 perc
Sütés / főzés: 30 perc

Tápérték adatok

Egy adag: 115 g

A szakács jegyzetei

Érték adagonként	
Kalória	61
Zsírkalória (36%)	22
	% Napi adag
Összes zsír 2,5 g	4%
Telített zsír ,4 g	2%
Koleszterin 0 mg	0%
Nátrium 45,4 mg	2%
Kálium 242 mg	7%
Összes szénhidrát 9,3 g	3%
Rost 2,5 g	10%
Cukor 3,8 g	
Protein 1,3 g	3%

Zeller püré

Ez egy nagyon sokoldalú zöldség. A gumós zellert úgy kezeljük, mint a burgonyát. Kombinálhatjuk fehérrépával, karfiollal, vagy más gyökérzöldséggel. Én még Granny Smith almát is adok hozzá az érdekesség kedvéért (lásd a Tanácsoknál).

- 1 gumós zeller, hámozva, 1 cm-es kockákra vágva
- 950 ml víz
- ½ kiskanál só
- 115 g görög joghurt, krémsajt vagy habtejszín
- 2 evőkanál apróra vágott friss petrezselyem

Elkészítés

1 Tegyük a kockára vágott zellert egy közepes serpenyőbe és öntsük bele a vizet (a zeller úszik a víz tetején). Forraljuk fel, sózzuk meg, főzzük lassú tűzön részben lefedve, amíg megpuhul (15-20 percig).

2 Szűrjük le, majd tegyük vissza a serpenyőbe és nagyon alacsony lángon rázogatva, kevergetve párologtassuk el a maradék folyadékot.

3 Tegyük egy fémkéses konyhai robotgépbe és dolgozzuk majdnem simára. Tegyük bele a joghurtot, (vagy a krémsajtot vagy a habtejszínt) és dolgozzuk el egészen simára.

4 Tegyük bele az apróra vágott petrezselymet és forgassuk át párszor a géppel, hogy jól elkeveredjen.

Adag: 4

Előkészületek: 5 perc
Sütés / főzés: 25 perc

Tápérték adatok

Egy adag: 115 g

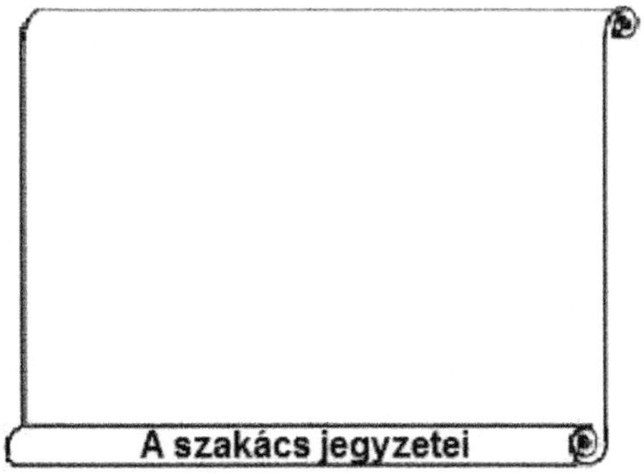

Érték adagonként	
Kalória	184
Zsírkalória (21%)	38
	% Napi adag
Összes zsír 4,3 g	7%
Telített zsír 2,7 g	14%
Koleszterin 16,4 mg	5%
Nátrium 598 mg	25%
Kálium 717 g	20%
Összes szénhidrát 21,7 g	7%
Rost ,1 g	<1%
Cukor 17,3 g	
Protein 14,8 g	30%

Tanácsok

Ezt a szegény, csúnya zöldséget úgy hámozzuk, hogy levágjuk a két végét, ráfektetjük a vágódeszkára és a rücskös héjját fölülről lefelé levágjuk. Ha almát adunk hozzá, forrás közben félidőben tegyük a vízbe, különben kásás lesz.

Zeller és fehérrépa felhő

Ha a zellernek vannak friss zöld levelei, akkor a petrezselyem helyett azokat használom ennek a méltatlanul mellőzött zöldség ízének javítására. Felszolgáláskor úgy néz ki, mint egy kedves kis felhő, zöld pettyekkel.

- 1 közepes gumós zeller hámozva, 1 cm-es kockákra vágva
- 1 közepes fehérrépa, hámozva, 1 cm-es kockákra vágva
- 1 kis gerezd zúzott fokhagyma
- 2 evőkanál habtejszín
- 2 evőkanál görög joghurt
- 60 g apróra vágott friss petrezselyem

Elkészítés

1. Egy közepes serpenyőben keverjük össze a zellert, a fehérrépát és a fokhagymát. Tegyünk rá annyi vizet, hogy ellepje, tegyük rá a fedőt és forraljuk fel.
2. Tegyünk bele sót és főzzük, amíg megpuhul, 15-20 percig. Szűrjük le, majd tegyük vissza a serpenyőbe és nagyon alacsony lángon rázogatva, kevergetve párologtassuk el a maradék folyadékot.
3. Tegyük egy fémkéses konyhai robotgépbe és dolgozzuk majdnem simára. Tegyük bele a joghurtot és a habtejszínt, majd dolgozzuk el egészen simára, ha kell adjunk hozzá joghurtot vagy habtejszínt, hogy megfelelő sűrűségű legyen. .
4. Tegyük bele az apróra vágott petrezselymet és forgassuk át párszor a géppel, hogy jól elkeveredjen.

Adag: 4

Előkészületek: 15 perc
Sütés / főzés: 30 perc

Tápérték adatok

Egy adag: 115 g

A szakács jegyzetei

Érték adagonként	
Kalória	74
Zsírkalória (37%)	23
	% Napi adag
Összes zsír 3,1 g	5%
Telített zsír 1,8 g	9%
Koleszterin 10,7 mg	4%
Nátrium 52,7 mg	2%
Kálium 289 mg	8%
Összes szénhidrát 10,8 g	4%
Rost 2,5 g	10%
Cukor 2,8 g	
Protein 1,7 g	3%

Édeskömény paradicsommal

Ez az egyik legkönnyebben elkészíthető köret.

1 (410 g) doboz kockázott paradicsom, a levével
120 ml csirkehúsleves
1 közepes édeskömény gumó, szára levágva, negyedelve, hosszában szeletelve
só és frissen őrölt bors ízlés szerint

Elkészítés

1 Egy közepes serpenyőben lassan forraljuk fel a paradicsom levét és a csirkehúslevest. Tegyük bele az édeskömény szeleteket és főzzük 15-20 percig, amíg majdnem eléggé megpuhul.

2 Tegyük bele a paradicsomot, még egy kis húslevest, vagy vizet, ha szükséges, ízesítsük sóval, borssal, majd főzzük tovább, míg egészen megpuhul.

Adag: 4

Előkészületek: 10 perc
Sütés / főzés: 30 perc

Tápérték adatok

Egy adag: 115 g

A szakács jegyzetei

Érték adagonként	
Kalória	57
Zsírkalória (8%)	4
	% Napi adag
Összes zsír ,5 g	<1%
Telített zsír ,1 g	<1%
Koleszterin 0 mg	0%
Nátrium 193 mg	8%
Kálium 572 mg	16%
Összes szénhidrát 12,8 g	4%
Rost 4 g	16%
Cukor 0 g	
Protein 2,7 g	5%

Tanácsok

A paradicsom után még beletehetjük kedvenc fűszereinket, mint például bazsalikomot, kakukkfüvet, vagy olaszos fűszerkeveréket.

Zöldség sült paprikával és articsókával

Használhatunk fagyasztott spenótot vagy más zöldséget a kelkáposzta helyett. A maradék pedig használható frittátában vagy omlettben.

2 evőkanál enyhén sózott vaj
2 evőkanál vöröshagyma, közepesre vágva
½ kiskanál zúzott fokhagyma
115 g prosciutto (pármai sonka), vékonyra szeletelve és 1cm-es darabokra vágva
1 (170 g) doboz sült csemege paprika, leszűrve, szeletelve
1 (170 g) doboz articsóka szívek, leszűrve, negyedelve
454 g fagyasztott kelkáposzta kiolvasztva, lecsurgatva, apróra vágva
só és frissen őrölt bors, ízlés szerint

Elkészítés

1 Egy nagy tapadásmentes serpenyőben közepes lángon olvasszuk fel a vajat. Pirítsuk meg benne a hagymát kb. 5 percig. Keverjük bele a fokhagymát és a sonkát és pirítsuk még pár percig.
2 Adjuk hozzá a többi hozzávalót és hagyjuk, hogy minden jól átmelegedjen. Sózzuk, borsozzuk ízlés szerint és tálaljuk.

Adag: 6

Előkészületek: 10 perc
Sütés / főzés: 10 perc

Tápérték adatok

Egy adag: 115 g

Érték adagonként	
Kalória	110
Zsírkalória (46%)	51
	% Napi adag
Összes zsír 5,7 g	9%
Telített zsír 3 g	15%
Koleszterin 23,4 mg	8%
Nátrium 599 mg	25%
Kálium 363m	10
Összes szénhidrát 8,4 g	3%
Rost 3,5 g	14%
Cukor ,3 g	
Protein 8,1 g	16%

A szakács jegyzetei

Fűszeres sodó kaviárral

Ezt Emeril Lagasse receptje inspirálta. Könnyű, puha és finom.

60 ml tej
60 ml habtejszín
2 evőkanál aprított snidling
¼ kiskanál só
csipet fehér bors
2 nagy tojás sárgája
14 g lazac ikra (kaviár)
2 kiskanál tejföl
½ kiskanál reszelt citromhéj

Elkészítés

1 Melegítsük elő a sütőt 135°C-ra. Forraljunk vizet a vízforralóban.
2 Egy kis serpenyőben keverjük össze a tejet, a habtejszínt és a citromhéjat. Melegítsük, amíg apró buborékok nem jelentkeznek a serpenyő oldalán. Tegyük félre 10-15 percig.
3 A snidlinget és a meleg tejet tegyük a turmixgépbe és dolgozzuk simára. Egy finom szitán szűrjük át, dobjuk el a szitán maradt darabokat. Sóval, borssal ízesítsük.
4 Egy kis keverőtálban keverjük el a tojás sárgákat, majd folyamatosan keverve, hozzáöntve a tejet, csináljunk sima sodót.
5 Tegyük a sodót 115 g-os kerámiacsészékbe, a csészéket pedig egy kenyérsütő formába.
6 Tegyük a kenyérsütő formát egy tepsire. A kenyérsütő formát töltsük fel a forró vízzel a kerámiacsészék magasságának feléig. Fedjük le fóliával és óvatosan emeljük be a sütőbe és süssük 45-60 percig, vagy amíg a sodó besűrűsödik, de még a közepe kocsonyás.
7 Vegyük ki a tepsit a sütőből és a vízzel együtt hagyjuk hűlni kb. 10 percig. Felezzük el és tegyük két tányérra, díszítsük ikrával, tejföllel és snidlinggel.

Adag: 2

Előkészületek: 10 perc
Sütés / főzés: 1 óra

Tápérték adatok

Egy adag: 58 g

A szakács jegyzetei

Érték adagonként	
Kalória	199
Zsírkalória (80%)	160
	% Napi adag
Összes zsír 18 g	28%
Telített zsír 9,9 g	59%
Koleszterin 259 mg	86%
Nátrium 333 mg	14%
Kálium 114 mg	3%
Összes szénhidrát 3,8 g	1%
Rost ,3 g	1%
Cukor 1,7 g	
Protein 6,2 g	12%

Kauli Pilaf

Van egy népszerű magyar étel, a rizi-bizi: rizs, borsóval és répával. Itt a karfiol veszi át a rizs szerepét egy látványos átváltozás során. Időnként fagyasztott borsót és répát adok hozzá, hogy a rizi-bizire emlékeztessen. Az ötletet George Stellától kölcsönöztem.

455 g reszelt nyers karfiol
1 evőkanál sótlan vaj
1 evőkanál olíva olaj
1 kis mogyoróhagyma vagy kis sárga hagyma, apróra kockázva.
1 kiskanál zúzott fokhagyma
2 babér levél
240 ml csirkehúsleves
½ kiskanál kurkuma
½ kiskanál só
¼ kiskanál frissen őrölt fekete bors
230 g fagyasztott bors és répa

Elkészítés

1 Használjuk a durvább reszelő szerszámot a konyhai robotgépben vagy a nagyobb lyukút a kézi reszelőn és reszeljük le a karfiolt.
2 Egy nagy tapadásmentes serpenyőben melegítsük fel a vajat és az olajat közepes lángon. Tegyük bele a hagymát, a karfiolt, fokhagymát és a babérlevelet és kevergetés közben pirítsuk kb. 5 percig.
3 Tegyünk hozzá 180 ml-t a csirkehúslevesből, fűszerezzük és kis lángon főzzük, amíg lágyan ropogós lesz, 5-10 percig. Az utolsó 5 percben adjuk hozzá a fagyasztott borsót és répát, valamint a maradék csirkehúslevest vagy vizet, ha túl száraznak találjuk, de ne hagyjuk, hogy a karfiol szétázzon.

Adag: 4

Előkészületek: 15 perc
Sütés / főzés: 10 perc

Tápérték adatok

Egy adag: 115 g

A szakács jegyzetei

Érték adagonként	
Kalória	85
Zsírkalória (69%)	58
	% Napi adag
Összes zsír 6,6 g	10%
Telített zsír 2,4 g	12
Koleszterin 7,6 mg	3%
Nátrium 924 mg	38%
Kálium 205 mg	6%
Összes szénhidrát 5,8 g	2%
Rost 1,7 g	7%
Cukor 1 g	
Protein 2 g	4%

Gombás rizottó indiai fűszerekkel 4

Szeretjük az indiai ételeket. Ezt Bal Arneson készítette a TV-ben a Food Channel-en és nekem nagyon tetszett, ahogy a pikáns, de nem erős ízeket kombinálja. A rizottó általában „al dente" azaz nem teljesen puha,(fogkemény), de a könnyebb nyelés érdekében én puhára főzöm.

950 ml csirkehúsleves
6 evőkanál sótlan vaj
1 kis édes hagyma, apróra vágva
1 evőkanál garam masala
1 kiskanál kardamom hüvely
1 kiskanál mustár mag
5 egész csillag ánizs
455 g vékonyra szeletelt gomba (shiitake, osztriga vagy portobelló)
230 g arborió rizs
120 ml fehér bor
só és bors ízlés szerint
papírvékony parmezán sajtszeletek

Elkészítés

1 Egy közepes lábasban forraljuk fel a csirkehúslevest, majd vegyük a lángot kicsire.
2 Egy másik közepes lábasban, közepes lángon melegítsünk 4 evőkanál vajat, keverjük bele a hagymát és pirítsuk, amíg átlátszó lesz, 3-4 percig.
3 Tegyük bele a garam masalát, a kardamom hüvelyeket, mustármagot és a csillag ánizst. Jól keverjük el és főzzük még egy percig, amíg a fűszerek kiengedik az ízüket.
4 Keverjük bele a gombát és főzzük, amíg elkezd karamellizálódni és barnulni, kb. 5 percig. Adjuk hozzá az arborió rizst és kevergessük, amíg a vaj betakarja mindet. Öntsük hozzá a bort és addig kevergessük, amíg a rizs felszívja.
Kezdjük el hozzáadni a csirkehúslevest, egyszerre egy merőkanállal és kevergessük, amíg a rizs felszívja és csak ezután adjuk hozzá a következő adagot. Addig folytassuk, amíg teljesen puha és krémes lesz, 20-25 percig. Vegyük le a tűzről, ízesítsük sóval és frissen őrölt borssal, keverjük bele a maradék 2 evőkanál vajat, amíg elolvad és fényes lesz. Tálaljuk a vékony parmezán szeletekkel.

Adag: 4

Előkészületek: 15 perc Sütés / főzés: 45 perc

Tápérték adatok

Egy adag: 115 g

A szakács jegyzetei

Érték adagonként	
Kalória	812
Zsírkalória (38%)	309
	% Napi adag
Összes zsír 38 g	58%
Telített zsír 12,7 g	63%
Koleszterin 45,8 mg	15%
Nátrium 150 mg	6%
Kálium 1.996 mg	57%
Összes szénhidrát 107 g	36%
Rost 19,2 g	77%
Cukor 2,2 g	
Protein 28,1 g	56%

Tanácsok

Tálalás előtt halásszuk ki a kardamom hüvelyeket és az ánizs csillagokat.

Zöldséges burgonya palacsinta (tócsni)

A német burgonya palacsinta igazi ínyencség. Ez egy gazdagabb variáció különböző zöldségekkel színesítve.

1 közepes sütni való burgonya, hámozva
1 közepes répa, hámozva
1 közepes cukkíni
1 kis vöröshagyma, negyedelve
2 evőkanál quinoa liszt
2 nagy tojás, enyhén felverve
1 kiskanál só
¼ kiskanál frissen őrölt fekete bors
2 evőkanál növényi étolaj vagy canola olaj

Elkészítés

1 Egy reszelővel felszerelt konyhai robotgéppel reszeljük le a zöldségeket. Tegyük egy nagy keverőtálba, keverjük bele a quinoa lisztet, a tojást, a sót és a borsot. Alaposan keverjük el.

2 Egy nagy tapadásmentes serpenyőben közepes lángon melegítsük fel az olajat. Egy nagy kanállal vagy egy fagylaltos kanállal helyezzünk el 6 adag zöldséget a serpenyőben és lapítsuk őket kerek palacsinta formára. Süssük, amíg megbarnulnak, kb. 10 percig, majd fordítsuk meg őket és süssük további 8-9 percig. Azonnal tálaljuk, vagy tálalásig tartsuk a sütőben.

Adag: 6

Előkészületek: 10 perc
Sütés / főzés: 20 perc

Tápérték adatok

Egy adag: 1 palacsinta

A szakács jegyzetei

Érték adagonként	
Kalória	67
Zsírkalória (25%)	17
	% Napi adag
Összes zsír 1,9 g	3%
Telített zsír .6 g	3%
Koleszterin 62 mg	21%
Nátrium 349 mg	15%
Kálium 283 mg	8%
Összes szénhidrát 9,3 g	3%
Rost 1,3 g	5%
Cukor 1,4 g	
Protein 3,5 g	7%

Cukkínis lecsó

Ezt a könnyű és egyszerű köretet egyik barátnőmtől, Elaine Sterlingtől kaptam. Én japán padlizsánt használok hozzá, mert annak enyhébb az íze.

- 1 kiskanál olíva olaj
- 1 kis japán padlizsán, hámozva, kockára vágva
- 1 közepes cukkíni, vagy sárga tök, hosszában felezve, keresztben 1 cm-es darabokra szeletelve
- 1 közepes(sárga, piros vagy zöld) csemegepaprika, apróra vágva
- 1 kis vöröshagyma, vékonyra szeletelve
- 454 g szendvics vagy fürtös paradicsom
- 120 ml kedvenc salátaöntet
- 1 evőkanál kapor (ízlés szerint)
- só és bors ízlés szerint

Elkészítés

1. Egy közepes serpenyőben, közepes lángon melegítsük fel az olíva olajat, pirítsuk meg benne a zöldségeket a paradicsom nélkül, amíg megpuhulnak, kb. 10 percig. Ha úgy látjuk, hogy túl kiszárad, adjunk hozzá egy kis vizet és fedjük le.
2. Tegyük bele a paradicsomot és főzzük tovább, amíg a paradicsom is átmelegszik. Adjuk hozzá a kaprot, ha szeretjük, sót és borsot, ízlés szerint.

Adag: 4

Előkészületek: 10 perc
Sütés / főzés: 10 perc

Tápérték adatok

Egy adag: 230 g

A szakács jegyzetei

Érték adagonként	
Kalória	185
Zsírkalória (69%)	128
	% Napi adag
Összes zsír 14,5 g	22%
Telített zsír 1,8 g	9%
Koleszterin 0 mg	0%
Nátrium 335 mg	14%
Kálium 373 mg	11%
Összes szénhidrát 13,7 g	5%
Rost 2,8 g	11%
Cukor 7,4 g	
Protein 1,9 g	4%

Tanácsok

Kitűnő ezer sziget, zöld istennő és alacsony zsírtartalmú francia salátaöntetekkel.

Édes burgonyás palacsinta

A német burgonya palacsintának van egy édes változata, ami köretként is kellemes.

1 kis édes burgonya, hámozva
1 közepes fehérrépa, hámozva
1 kis hagyma, negyedelve
2 evőkanál mandula liszt
2 nagy tojás, enyhén felverve
1 kiskanál só
¼ kiskanál frissen őrölt fekete bors
2 evőkanál kókusz olaj, (vagy növényi étolaj)

Elkészítés

1. Egy reszelő koronggal felszerelt konyhai robotgéppel aprítsuk fel a zöldségeket. Tegyük egy nagy keverőtálba, keverjük bele a mandula lisztet, a tojást, a sót és a borsot. Alaposan keverjük el.
2. Egy nagy tapadásmentes serpenyőben közepes lángon melegítsük fel az olajat. Egy nagy kanállal vagy egy fagylaltos kanállal helyezzünk el 4 adag zöldséget a serpenyőben és lapítsuk őket kerek palacsinta formára. Süssük, amíg megbarnulnak, 8-9 percig, majd fordítsuk meg őket és süssük további 8-9 percig. Azonnal tálaljuk, vagy tálalásig tartsuk a sütőben.

Adag: 4

Előkészületek: 10 perc
Sütés / főzés: 20 perc

Tápérték adatok

Egy adag: 1 palacsinta

A szakács jegyzetei

Érték adagonként	
Kalória	170
Zsírkalória (%)	82
	% Napi adag
Összes zsír g	15%
Telített zsír g	34%
Koleszterin mg	31%
Nátrium mg	21%
Kálium mg	13%
Összes szénhidrát g	6%
Rost g	14%
Cukor g	
Protein g	9%

Svájci mángold áfonyával

A szárított áfonya éppen a kívánt édességet adja ehhez a körethez.

1 csokor svájci mángold, kelkáposzta vagy mustár zöldje
1 evőkanál olíva olaj
2 gerezd zúzott fokhagyma
3 evőkanál szárított áfonya, ribizli vagy mazsola
1 evőkanál balzsamecet
só és frissen őrölt bors, ízlés szerint

Elkészítés

1. Vegyük le a mángold szárát.
2. Egy nagy fazékban forraljunk sós vizet és főzzük a mángoldot (vagy más zöldet), amíg megpuhul, 5-8 percig. Szűrjük le és konyhai papírkendővel szárítsuk meg.
3. Egy nagy serpenyőben, közepes lángon melegítsünk olíva olajat, tegyük bele a fokhagymát és kevergessük 30 másodpercig. Tördeljük bele a mángoldot és az áfonyát, kevergessük, hogy átmelegedjen 3-5 percig. Hintsük meg ecettel, forgassuk meg, fűszerezzük sóval és frissen őrölt borssal.

Adag: 2

Előkészületek: 10 perc
Sütés / főzés: 10 perc

Tápérték adatok

Egy adag: 115 g

A szakács jegyzetei

Érték adagonként	
Kalória	265
Zsírkalória (26%)	68
	% Napi adag
Összes zsír 7,7 g	12%
Telített zsír 1 g	5%
Koleszterin 0 mg	0%
Nátrium 42,9 mg	2%
Kálium 115 mg	3%
Összes szénhidrát 48,6 g	16%
Rost 4 g	16%
Cukor 1,4 g	
Protein ,6 g	1%

Vörös burgonya bazsalikomos öntettel

Ezt a köretet egy egykori munkatársamtól, Lucia Pintaurotól kapott recept inspirálta, akivel még a Clariolnál dolgoztam a '90-es években. Eredetileg a pesztó is házilag készül, de én alaposan leegyszerűsítettem a receptet. Bocs, Lu...

570 g vörös burgonya, kockázva
60 ml kész pesztó szósz
1 ½ evőkanál sherry ecet
1 evőkanál Dijoni mustár
só és frissen őrölt bors, ízlés szerint

Elkészítés

1 Egy közepes lábasban, sós vízben főzzük a burgonyát, amíg a villa könnyen belemegy, 15-20 percig. Szűrjük le és tegyük félre.
2 Egy közepes keverőtálban keverjük össze a pesztót, az ecetet, a mustárt, a sót és a borsot. Tegyük bele a burgonyát is és jól forgassuk meg, de vigyázzunk, hogy ne törjön szét.
3 Tálaljuk melegen vagy szobahőmérsékleten.

Adag: 6

Előkészületek: 10 perc
Sütés / főzés: 20 perc

Tápérték adatok

Egy adag: 115 g

A szakács jegyzetei

Érték adagonként	
Kalória	78
Zsírkalória (2%)	2
	% Napi adag
Összes zsír ,2 g	<1%
Telített zsír 0 g	<1%
Koleszterin 0 mg	0%
Nátrium 37,4 mg	2%
Kálium 538 mg	15%
Összes szénhidrát 17,7 g	6%
Rost 1,7 g	7%
Cukor ,2 g	
Protein 2,1 g	4%

Fehér bab püré

Néha becsempészek egy kis babot a férjem étrendjébe. Ő azt hiszi, hogy nem szereti, de ha jól van álcázva, finom és könnyen lenyelhető, akkor ízlik neki.

1 evőkanál sótlan vaj
2 evőkanál apróra vágott hagyma
1 kiskanál zúzott fokhagyma
1 kakukkfű ág
1 (425 g) doboz fehér bab, lé nélkül, leöblítve
120 ml csirkehúsleves
só és bors ízlés szerint

Elkészítés

1 Egy közepes serpenyőben, közepes lángon olvasszuk fel a vajat. Pirítsuk meg a hagymát, a fokhagymát és a kakukkfüvet, amíg a hagyma megpuhul, kb. 5 percig.
2 Adjuk hozzá a babot és a csirkehúslevest, főzzük, amíg a leves felére apad, kb. 5 percig. Dobjuk ki a kakukkfüvet.
3 Egy turmixgépben dolgozzuk pürévé, ízesítsük sóval, borssal és forrón tálaljuk.

Adag: 2

Előkészületek: 10 perc
Sütés / főzés: 15 perc

Tápérték adatok

Egy adag: 115 g

A szakács jegyzetei

Érték adagonként	
Kalória	175
Zsírkalória (32%)	56
	% Napi adag
Összes zsír 6,4 g	10%
Telített zsír 3,7 g	19%
Koleszterin 15,3 mg	5%
Nátrium 31,1 mg	1%
Kálium 383 mg	11%
Összes szénhidrát 22,2 g	7%
Rost 6 g	25%
Cukor ,7 g	
Protein 8,2 g	16%

Cukkíni paradicsommal

Ez egy másik gyors köret.

2 kis cukkíni (vagy sárga tök), hosszában felezve, keresztben 3 cm-es darabokra szeletelve

1 (410 g) doboz párolt paradicsom, levével

1 kiskanál szárított bazsalikom

só és bors ízlés szerint

Elkészítés

1 Egy közepes lábasban főzzük fel a paradicsom levét, tegyük bele a cukkínit (vagy a tököt), takarjuk le és főzzük 5-8 percig, amíg elkezd puhulni.

2 Tegyük bele a paradicsomot, a bazsalikomot és főzzük tovább, amíg a lé nagy része elpárolog. Fűszerezzük sóval, borssal és tálaljuk.

Adag: 4

Előkészületek: 10 perc
Sütés / főzés: 15 perc

Tápérték adatok

Egy adag: 115 g

A szakács jegyzetei

Érték adagonként	
Kalória	31
Zsírkalória (6%)	2
	% Napi adag
Összes zsír ,2 g	<1%
Telített zsír 0 g	<1%
Koleszterin 0 mg	0%
Nátrium 256 mg	11%
Kálium 255 mg	7%
Összes szénhidrát 7,4 g	2%
Rost 1,3 g	5%
Cukor 4,1 g	
Protein 1,2 g	2%

A levesek nálunk a kedvencek közé tartoznak és ezek közül valók a legbecsesebb receptek is.

Ebben a fejezetben mutatom be a magyar *főzeléket* is, ami nem igazán leves de ragunak sem lehet mondani. Egyszerűen készül, általában főzve, rántással sűrítve. Gyakran fogyasztják főételként vagy sült húsokhoz köretnek. Ideális étel, amikor a nyelési folyamat javul és szilárdabb ételt is felvehetünk az étlapra.

Korianderes répa krémleves (174. oldal)

Hideg avokádó krém leves (176. oldal)

Allium krémleves

Az allium általában a hagymafélék közös neve, latinul fokhagymát jelent. Burgonyával tápláló és ízletes.

1 evőkanál sótlan vaj
1 evőkanál olíva olaj
2 nagy vörös hagyma, kockára vágva
2 közepes póréhagyma, vékonyra szeletelve (csak a fehér része)
2 közepes mogyoróhagyma, apróra vágva
4 nagy gerezd zúzott fokhagyma
2 közepes burgonya, hámozva, kockázva (lehetőleg Yukon Gold)

1 kiskanál só
1 babérlevél
½ kiskanál szárított bazsalikom
½ kiskanál szárított oregánó
¼ kiskanál szárított majoránna
1.2 liter csirkehúsleves
1 zöldhagyma vékonyra szeletelve (csak a fehér és a világoszöld része)

Elkészítés

1 Egy nagy levesestálban közepes lángon olvasszuk össze a vajat és az olajat. Tegyük bele a hagymát, a mogyoróhagymát és a fokhagymát. Pirítsuk, amíg kicsit megbarnul, kb. 10 percig.
2 Adjuk hozzá a burgonyát, a babérlevelet és a szárított fűszereket. Keverjük jól össze. Öntsük hozzá a csirkehúslevest és forraljuk fel. Vegyük lejjebb a lángot és főzzük, amíg a burgonya megpuhul, kb. 30 percig.
3 Merőkanállal szedjük leveses tányérokba és szórjuk meg zöldhagymával.

Adag:4

Előkészületek: 15 perc
Sütés / főzés: 30 perc

Tápérték adatok

Egy adag: 295 ml

A szakács jegyzetei

Érték adagonként	
Kalória	218
Zsírkalória (30%)	65
	% Napi adag
Összes zsír 7,3 g	11%
Telített zsír 2,4 g	12%
Koleszterin 7,6 mg	3%
Nátrium 743 mg	31%
Kálium 584 mg	17%
Összes szénhidrát 33,4 g	11%
Rost 3,9 g	15%
Cukor 3,9 g	
Protein 5 g	10%

Boursin krémleves spárgával

Finom krémleves, biztos siker.

- 1 evőkanál sótlan vaj
- 1 evőkanál olíva olaj
- 1 közepespóréhagyma, hosszában félbevágva, keresztben vékonyra szeletelve (a fehér és világoszöld része)
- 2 kiskanál zúzott fokhagyma
- 1 kiskanál szárított majoránna
- 450 g spárga darabok (5 cm)
- 60 g quinoa pehely
- 950 ml csirkehúsleves
- 140 g Boursin sajt, szobahőmérsékleten
- 1 evőkanál apróra vágott friss tárkony
- só és bors ízlés szerint
- lenmag olaj, meghinteni (ízlés szerint)

Elkészítés

1. Egy nagy levesestálban közepes lángon olvasszuk össze a vajat és az olajat. Tegyük bele a póréhagymát és süssük pár percig, amíg megpuhul. Adjuk hozzá a fokhagymát és kevergessük kb. 30 másodpercig.
2. Szórjuk bele a majoránnát, a spárgát, a quinoa pelyhet, majd a csirkehúslevest és keverjük jól össze.
3. Fedjük le és forraljuk fel, majd lassú tűzön főzzük 10-15 percig, amíg a spárga megpuhul. Negyedeljük el a sajtot, tegyük a forró levesbe és kevergessük, amíg elolvad, kb. 5 percig.
4. Tegyük hozzá a friss tárkonyt, ízesítsük sóval, borssal, ízlés szerint. Hagyjuk hűlni pár percig.
5. Tálalhatjuk így is vagy botmixerrel apróra vághatjuk a spárgát és a póréhagymát vagy turmixgéppel teljesen simára turmixolhatjuk.

Adag: 6

Előkészületek: 6 perc
Sütés / főzés: 20 perc

Tápérték adatok

Egy adag: 240 ml

A szakács jegyzetei

Érték adagonként	
Kalória	209
Zsírkalória (64%)	135
	% Napi adag
Összes zsír 15,7 g	24%
Telített zsír 8,7 g	44%
Koleszterin 32,7 mg	11%
Nátrium 239 mg	10%
Kálium 130 mg	4%
Összes szénhidrát 13,9 g	5%
Rost 1,5 g	6%
Cukor ,7 g	
Protein 4,7 g	9%

Zellerleves árpával

Árpa helyett tönkölybúza is használható. Mindkettő hasonló méretű és sütés-főzés közben hasonlóan viselkedik. Bármelyik tápláló és ízletes.

- 2 evőkanál olíva olaj
- 1 nagy hagyma, vékonyra szeletelve
- 2 póréhagyma, vékonyra szeletelve (fehér és világoszöld része)
- 2 gerezd zúzott fokhagyma
- 185 g főtlen árpa
- 1,9 l csirkehúsleves
- 950 ml víz
- 1 friss kakukkfű ág
- 2 babérlevél
- 680 g zeller, hámozva és 1 cm-es kockára vágva
- 450 g fehérrépa, hámozva és 1 cm-es kockára vágva
- só és bors ízlés szerint
- 450 g zsenge spenót
- 1 kiskanál őrölt szerecsendió

Elkészítés

1. Egy nagy lábasban melegítsük fel az olíva olajat. Adjuk hozzá a hagymát, a póréhagymát és a fokhagymát és pirítsuk közepes lángon, amíg megpuhul, kb. 5 percig, időnként kevergessük meg.
2. Keverjük bele az árpát, a csirkehúslevest, a vizet, a kakukkfüvet, a babérlevelet és forraljuk fel.
3. Adjuk hozzá a zellert és a fehérrépát, sózzuk, borsozzuk. Takarjuk le és főzzük lassú tűzön, amíg az árpa és a zöldségek megpuhulnak, kb. 40 percig.
4. Keverjük bele a spenótot, őröljük bele a szerecsendiót és forgassuk jól át az egészet. Hagyjuk pihenni pár percig tálalás előtt.

Adag: 8

Előkészületek: 20 perc
Sütés / főzés: 1 óra

Tápérték adatok

Egy adag: 295 ml

Érték adagonként	
Kalória	266
Zsírkalória (19%)	50
	% Napi adag
Összes zsír 5,9 g	9%
Telített zsír 1,2 g	6%
Koleszterin 0 mg	0%
Nátrium 202 mg	8%
Kálium 1.015 mg	29%
Összes szénhidrát 47 g	16%
Rost 9,8 g	39%
Cukor 6,5 g	
Protein 10,9 g	22%

A szakács jegyzetei

Feketebab leves

Szeretem a feketebab levest. Köménnyel és korianderrel kombinálva pedig a kedvenceim egyike.

- 1 evőkanál olíva olaj
- ½ közepes hagyma apróra vágva
- 60 g vékonyra szeletelt zsenge répa
- 60 g fehérrépa, hámozva, ½ cm-es darabokra kockázva
- 60 g zeller, ½ cm-es darabokra kockázva
- 1 babérlevél
- ½ kiskanál só
- 1 kiskanál őrölt koriander
- ½ kiskanál őrölt kömény
- 1 (425 g) doboz fekete bab, leve nélkül, leöblítve
- 475 ml csirkehúsleves
- 1 evőkanál apróra vágott friss koriander

Elkészítés

1. Egy közepes lábasban közepes lángon melegítsük fel az olíva olajat. Pirítsuk meg benne a hagymát, répát, fehérrépát és a zellert, amíg megpuhulnak, kb. 5 percig.
2. Tegyük bele a babérlevelet, a sót, a koriandert és a köményt. Még néhány percig pirítsuk, hogy a fűszerek kiengedjék aromájukat. Keverjük bele a feketebabot.
3. Állítsuk nagyobb lángra és öntsük bele a csirkehúslevest. Takarjuk le és forraljuk fel, majd lassú tűzön főzzük, míg a zöldségek jól megpuhulnak, 10-15 percig.
4. Hagyjuk 10 percig hűlni. Vegyük ki a babérlevelet és dobjuk el. Ezután merőkanállal szedjük ki a felét egy turmixgépbe és dolgozzuk simára, majd öntsük vissza a lábasba és keverjük el. Kóstoljuk meg és fűszerezzük, ha szükséges.
5. Szedjük levesestálakba, díszítsük friss korianderrel és adjunk hozzá egy kanál tejfölt, ha úgy szeretjük.

Adag: 2

Előkészületek: 15 perc
Sütés / főzés: 30 perc

Tápérték adatok

Egy adag: 355 ml

A szakács jegyzetei

Érték adagonként	
Kalória	417
Zsírkalória (34%)	144
	% Napi adag
Összes zsír 16,2 g	25%
Telített zsír 2,5 g	13%
Koleszterin 0 mg	0%
Nátrium 1,742 mg	73%
Kálium 997 mg	28%
Összes szénhidrát 48,7 g	16%
Rost 17,1 g	66%
Cukor 3 g	
Protein 21 g	42%

A szerző megjegyzése

Ha a könnyebb nyelés megkívánja, turmixoljuk simára az egészet, sőt le is szűrhetjük az egészen sima állag elérése érdekében.

Kéksajtos leves

Emeril Lagasse Tawny Port-ot (portói bort) és morzsolt bacon szalonnát is ad hozzá tálalás előtt, de ezek nélkül is ízletes ez a leves. Ez is az egyik kedvencünk.

- 1½ evőkanál sótlan vaj
- 1 nagy hagyma, vékonyra vágva
- ½ kiskanál zúzott fokhagyma
- 680 g hámozott és kockázott burgonya (lehetőleg Yukon Gold)
- ½ kiskanál só
- ¼ kiskanál fehér bors, ízlés szerint
- 1 kis babér levél
- 475 ml csirkehúsleves
- 120 ml alacsony (15%) zsírtartalmú tejföl
- 60 ml habtejszín
- 115 g morzsolt kék sajt
- 1 kiskanál apróra vágott friss kakukkfű

Elkészítés

1 Egy közepes serpenyőben olvasszuk fel a vajat és pirítsuk meg a hagymát, amíg éppen elkezd karamellizálódni, kb. 10 percig

2 Tegyük bele a fokhagymát és kevergessük 30 másodpercig. Tegyük bele a burgonyát, a sót, a borsot és a babérlevelet. Pirítsuk még 3-5 percig.

3 Öntsük bele a csirkehúslevest, forraljuk fel, majd lassú tűzön főzzük, amíg a burgonya megpuhul, kb. 30 percig.

4 Dobjuk ki a babérlevelet. Vegyük le a tűzről és egy botmixerrel vagy egy konyhai robotgéppel dolgozzuk simára.

5 Keverjük bele a habtejszínt és a tejfölt, óvatosan melegítsük fel, majd tegyük bele a kakukkfüvet és a kék sajtot. Kevergessük, amíg a sajt elolvad. Ha szükséges sóval, borssal ízesítsük.

6 Szedjük leveses tálakba és díszíthetjük még egy kis kék sajttal, ha kívánjuk.

Adag: 4

Előkészületek: 15 perc
Sütés / főzés: 45 perc

Tápérték adatok

Egy adag: 240 ml

A szakács jegyzetei

Érték adagonként	
Kalória	396
Zsírkalória (44%)	176
	% Napi adag
Összes zsír 20 g	31%
Telített zsír 12,4 g	62%
Koleszterin 62,3 mg	21%
Nátrium 577 mg	24%
Kálium 1.322 mg	38%
Összes szénhidrát 47,2 g	16%
Rost 3,6 g	14%
Cukor 1,7 g	
Protein 9,4 g	19%

Pézsmatök leves

A reszelt gyömbér túl fűszeres volt a férjem számára, de a leves a nélkül is ízletes.

1 (340 g) pézsmatök, hámozva, kimagozva, 2,5 cm-es kockákra vágva
1 evőkanál sótlan vaj
1 kis apróra vágott hagyma
½ kiskanál sütőtök fűszer keverék *
475 ml csirkehúsleves
½ kiskanál frissen reszelt gyömbér (ízlés szerint)
víz (szükség szerint)
natúr joghurt, normál vagy alacsony zsírtartalmú, szokás szerint, a díszítéshez

Elkészítés

1 Melegítsük elő a sütőt 200°C-ra.
2 A tököt kenjük meg olíva olajjal és szórjuk meg sóval, borssal.
3 Süssük egy fóliával kibélelt tepsiben kb. 45 percig, félidőben forgassuk meg.
4 Közben egy közepes serpenyőben olvasszuk meg a vajat és pirítsuk benne a hagymát, amíg megpuhul, kb. 5 percig. Keverjük bele a sütőtök fűszer keveréket. Öntsük hozzá a csirkehúslevest és tegyük bele a gyömbért, ha használjuk, majd lassú tűzön főzzük még 10 percig.
5 Tegyük bele a sült tököt és keverjük jól el.
6 Tegyük az egészet a turmixgépbe és dolgozzuk simára. A megfelelő sűrűség eléréséhez adhatunk még hozzá vizet vagy csirkehúslevest. Sózzuk és borsozzuk ízlés szerint.
7 Tegyük vissza a serpenyőbe és óvatosan melegítsük fel.
8 Szedjük leveses tálakba, díszítsük egy kanál joghurttal vagy tejföllel.

Adag: 3
Mennyiség: kb. 710 ml

Előkészületek: 15 perc
Sütés / főzés: 45 perc

Tápérték adatok

Egy adag: 240 ml

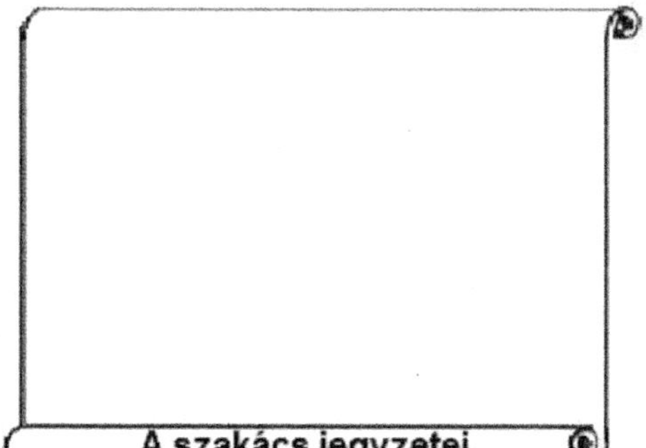

Érték adagonként	
Kalória	123
Zsírkalória (43%)	53
	% Napi adag
Összes zsír 5,9 g	9%
Telített zsír 3 g	15%
Koleszterin 15 mg	5%
Nátrium 232 mg	10%
Kálium 349 mg	10%
Összes szénhidrát 13,4 g	4%
Rost 1,4 g	5%
Cukor 4,9 g	
Protein 4,9 g	10%

*Sütőtök fűszer keverék: ½ kiskanál őrölt fahéj, ¼ kiskanál őrölt gyömbér, $^{1}/_{8}$ kiskanál szegfűszeg, $^{1}/_{8}$ kiskanál szerecsendió

Paradicsomos káposzta főzelék

Ez egy egyszerű és szerény étel, de gyermekkorom egyik kedvence. Sajnos a férjem nem nagy barátja a káposztának, ezért inkább a káposzta szerelmeseinek ajánlom.

½ fej zöld káposzta, csíkokra vágva
1 kis édes hagyma, hámozva, egészben
1 kiskanál só
1 evőkanál olíva olaj
1 evőkanál liszt
1 (425 g) doboz paradicsomszósz
1 kiskanál cukor (ízlés szerint)
¼ kiskanál fehérkömény (ízlés szerint)

Elkészítés

1 Tegyük egy nagy fazékba a káposztát és a hagymát és öntsük fel vízzel, hogy éppen ellepje. Fűszerezzük sóval, borssal, forraljuk fel, takarjuk le és főzzük 20-25 percig, amíg megpuhul.
2 Amikor a káposzta már puha, melegítsünk olajat egy közepes serpenyőben, amíg elkezd forrni. Szórjuk bele a lisztet és kevergessük, míg szőke nem lesz. Vegyük le a tűzről és keverjük bele a paradicsomszószt. Erőteljesen keverjük, míg sima lesz.
3 Öntsük a fazékba a káposztára és forgassuk jól össze. Kóstoljuk meg és tegyünk bele cukrot, vagy fehérköményt, ha úgy szeretjük.

Adag: 4

Előkészületek: 15 perc
Sütés / főzés: 30 perc

Tápérték adatok

Egy adag: 230 ml

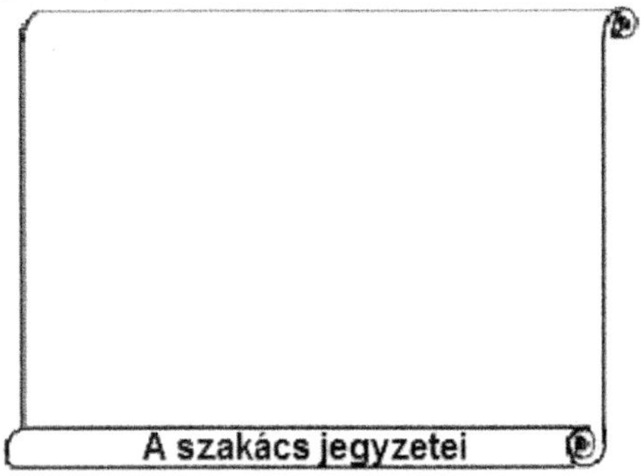

Érték adagonként	
Kalória	85
Zsírkalória (37%)	32
	% Napi adag
Összes zsír 3,6 g	6%
Telített zsír ,5 g	2%
Koleszterin 0 mg	0%
Nátrium 911 mg	38%
Kálium 324 g	9%
Összes szénhidrát 12,8 g	4%
Rost 2 g	8%
Cukor 8,2 g	
Protein 1,9 g	4%

Tanácsok

A magyarok közül sokan cukrosan főzik, de használhatunk sztíviát is. Egyébként az édes hagyma, mint például a Vidalia elég édes ízt ad.

Répa leves narancslével és tárkonnyal

Ez egy csodás répaleves. Használjunk frissen csavart narancslevet, hogy igazán jól jöjjenek ki az ízek.

1 evőkanál sótlan vaj
450 g hámozott, szeletelt sárgarépa
170 g apróra vágott hagyma
710 ml csirkehúsleves
120 ml narancslé
1 evőkanál brandy (ízlés szerint)
2 kiskanál apróra vágott friss tárkony
só és bors ízlés szerint
tárkony ágak a díszítéshez

Elkészítés

1. Egy öntöttvas fazékban, közepes lángon olvasszuk fel a vajat. Pirítsuk benne a hagymát és a répát, amíg a hagyma megpuhul, 5-8 percig.
2. Öntsük hozzá a csirkehúslevest és forraljuk fel. Vegyük lejjebb a lángot és főzzük még 10-12 percig, amíg a répa is megpuhul.
3. Vegyük le a tűzről és hagyjuk kicsit lehűlni. Öntsük a turmixgépbe és turmixoljuk egészen simára.
4. Tegyük vissza a fazékba, keverjük bele az apróra vágott tárkonyt (ha használjuk) és a narancslevet.
5. Főzzük még 5 percig, hogy az ízek összeérjenek. Ízesítsük sóval, borssal. Szedjük leveses tálakba, díszítsük tárkonnyal és tálaljuk.

Adag: 4

Előkészületek: 15 perc
Sütés / főzés: 20 perc

Tápérték adatok

Egy adag: 240 ml

A szakács jegyzetei

Érték adagonként	
Kalória	147
Zsírkalória (27%)	39
	% Napi adag
Összes zsír 4,4 g	7%
Telített zsír 2,2 g	11%
Koleszterin 7,6 mg	3%
Nátrium 664 mg	28%
Kálium 781 mg	22%
Összes szénhidrát 22,2 g	7%
Rost 5,1 g	20%
Cukor 12,1 g	
Protein 5,7 g	11%

Tanácsok

Ha gyorsan és könnyen akarjuk elkészíteni ezt a levest, használhatunk egy csomag hámozott, zsenge répát.

Korianderes répa krémleves

Ez a recept Sarah Brown-tól van és egyik kedvencünk a vegetáriánus éveinkből, az 1980-as évek közepéből. A 165. oldalon látható egy kép róla.

- 2 evőkanál sótlan vaj
- 1 evőkanál olíva olaj
- 340 g zsenge sárgarépa, hámozva, szeletelve
- 3 zeller szára, kockázva
- 2 kiskanál őrölt koriander
- 1 kiskanál őrölt kömény
- 950 ml csirkehúsleves
- só és bors ízlés szerint
- 1 evőkanál apróra vágott friss koriander

Elkészítés

1 Egy közepes serpenyőben közepes lángon olvasszuk fel a vajat az olíva olajjal. Tegyük bele a répát és a zellert, pirítsuk kb. 5 percig, jól keverjük el a vajjal és az olajjal.

2 Adjuk hozzá az őrölt koriandert és köményt, majd pirítsuk még 3-4 percig, hogy kiengedjék az aromájukat.

3 Öntsük bele a csirkehúslevest és forraljuk fel. Fedjük le és főzzük kis lángon még 30 percig, amíg a zöldségek megpuhulnak. Hagyjuk egy kicsit lehűlni.

4 Öntsük egy turmixgépbe és dolgozzuk simára. Azután tegyük egy tiszta serpenyőbe, ízesítsük sóval, borssal és óvatosan melegítsük fel újra.

5 Szedjük leveses tálakba, szórjuk rá az apróra vágott friss koriandert és tálaljuk.

Adag: 6

Előkészületek: 15 perc
Sütés / főzés: 30 perc

Tápérték adatok

Egy adag: 240 ml

A szakács jegyzetei

Érték adagonként	
Kalória	97
Zsírkalória (62%)	60
	% Napi adag
Összes zsír 6,8 g	10%
Telített zsír 2,8 g	14%
Koleszterin 10,2 mg	3%
Nátrium 136 mg	6%
Kálium 259 mg	7%
Összes szénhidrát 8 g	3%
Rost 2,3 g	9%
Cukor 3,1 g	
Protein 1,5 g	3%

Rongyos csirkeleves spenóttal

Anyám szerint apám nevezte el „rongylevesnek”, amikor még gyerek volt, mert a tojás úgy nézett ki, mint az úszó rongydarabok a levesben.

1 nagy tojás enyhén felverve
1 kiskanál apróra vágott friss petrezselyem
frissen őrölt szerecsendió
2 evőkanál reszelt Parmigiano-Reggiano sajt és még egy kevés a díszítéshez
475 ml csirkehúsleves
115 g zsenge spenót
só és frissen őrölt bors, ízlés szerint

Elkészítés

1 Egy kis tálban keverjük össze a tojást, a petrezselymet és a frissen őrölt szerecsendiót. Keverjünk bele 1 evőkanál sajtot.
2 Egy közepes serpenyőben, közepes lángon forraljuk fel a csirkehúslevest. Erőteljesen keverjük bele a tojást, a spenótot, majd vegyük alacsonyra a lángot. Fedjük le és főzzük még 1 percig, amíg a spenót megfonnyad.
3 Vegyük le a tűzről, sózzuk, borsozzuk. Szedjük leveses tányérokba és szórjuk rá a maradék sajtot.

Adag: 2

Előkészületek: 5 perc
Sütés / főzés: 20 perc

Tápérték adatok

Egy adag: 240 ml

A szakács jegyzetei

Érték adagonként	
Kalória	82
Zsírkalória (49%)	40
	% Napi adag
Összes zsír 4,4 g	7%
Telített zsír 1,7 g	8%
Koleszterin 97,4 mg	32%
Nátrium 239 mg	10%
Kálium 128 mg	4%
Összes szénhidrát 3 g	1%
Rost, 4 g	2%
Cukor, 3 g	
Protein 6,5 g	13%

Hideg avokádó krém leves

Az eredeti recept friss citromlevet használ, de a férjem torkának az túl fanyar. A citrom ízesítésű lenmag olaj megadja a szükséges savanyú ízt a fanyarság nélkül.

3 avokádó (lehetőleg Hass), hámozva és 1 cm-es kockákra vágva
30 g szeletelt mogyoróhagyma
355 ml csirkehúsleves
1 evőkanál lenmag olaj
1 kiskanál só
2 evőkanál apróra vágott koriander és még egy kicsi a díszítéshez
240 ml habtejszín

Elkészítés

1 Tegyük az avokádót, a mogyoróhagymát, a csirkehúslevest és a lenmag olajat, a sót és a koriandert a turmixgépbe és dolgozzuk el. Ezután a keverőtartállyal együtt tegyük a hűtőgépbe.

2 Tálalás előtt keverjük bele a habtejszínt, ha szükséges, sózzuk meg és tegyünk hozzá annyi levest, amennyi a kívánt sűrűséghez szükséges. Kevés korianderrel díszítve, hidegen szolgáljuk fel.

Adag: 4

Előkészületek: 10 perc

Tápérték adatok

Egy adag: 240 ml

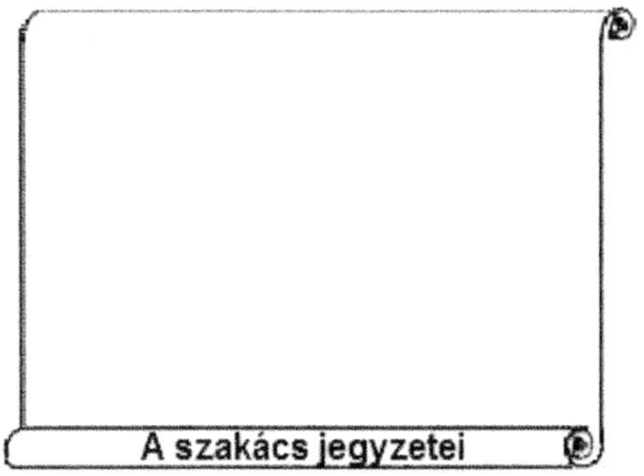

Érték adagonként	
Kalória	462
Zsírkalória (85%)	393
	% Napi adag
Összes zsír 45,6 g	70%
Telített zsír 16,9 g	85%
Koleszterin 81,5 mg	27%
Nátrium 660 mg	27%
Kálium 732 mg	21%
Összes szénhidrát 14,2 g	5%
Rost 9,1 g	36%
Cukor, 6 g	
Protein 4,3 g	9%

Hideg nyári áfonya leves

Ezt a receptet a húgom közreműködésével fedeztem fel. Egy forró nyári napon csodás frissítő hatása van.

910 g friss áfonya, tegyünk félre párat a díszítéshez
475 ml víz
1 rúd fahéj
2 kardamom hüvely
2 evőkanál agavé nektár
1 evőkanál frissen reszelt gyömbér
230 g natúr görög joghurt és egy kevés a díszítéshez

Elkészítés

1 Egy nagy serpenyőben keverjük el az áfonyát, a vizet, a fahéjat, a kardamom hüvelyt, az agavét és a gyömbért. Forraljuk fel, vegyük a lángot kisebbre és lassú tűzön kevergetve főzzük, amíg az áfonyák szétmennek, kb. 8 percig. Ezután vegyük ki a fahéjat és a kardamom hüvelyeket. Hagyjuk hűlni pár percig.
2 Turmixgépben dolgozzuk el simára (több adagban, ha a turmixgép nem elég nagy).
3 Egy finom szitán szűrjük át egy tiszta serpenyőbe. A szűrőn maradó darabokat eldobhatjuk. Takarjuk le és néhány órára vagy éjszakára hűtsük le.
4 Tálalás előtt keverjük bele a joghurtot. Díszítsük a félretett joghurttal és áfonyával.

Adag: 6

Előkészületek: 10 perc
Sütés / főzés: 20 perc

Tápérték adatok

Egy adag: 240 ml

A szakács jegyzetei

Érték adagonként	
Kalória	65
Zsírkalória (12%)	8
	% Napi adag
Összes zsír, 9 g	1%
Telített zsír, 4 g	2%
Koleszterin 2,3 mg	<1%
Nátrium 30,3 mg	1%
Kálium 138 mg	4%
Összes szénhidrát 13,2 g	4%
Rost 2,6 g	10%
Cukor 6 g	
Protein 2,5 g	5%

Hűtött uborka leves

Ez a recept Tom McCanntól való aki Sedanban él, Kansasban. Tomnak és a feleségének van egy éttermük és ez a leves az ő alkotásuk.

355 ml habtejszín
2 evőkanál friss lime lé (zöldcitrom)
4 közepesuborka, hámozva, kimagozva és apró kockákra vágva
340 g 1 cm-esre kockázott zeller
60 g vékonyra szeletelt zöldhagyma (a fehér és a világoszöld része)
120 ml csirkehúsleves
1 kiskanál só
2 kiskanál szárított kapor
½ kiskanál frissen őrölt fekete bors
475 ml tejföl vagy natúr joghurt
zöldhagyma zöldje, friss kapor vagy tejföl a díszítéshez

Elkészítés

1 Egy nagy tálban keverjük össze a habtejszínt és az uborkát. Tegyük félre.
2 Egy fémkéses konyhai robotgépben vágjuk apróra a többi hozzávalót. Adjuk hozzá az uborkás keverékhez, jól keverjük el és hűtsük legalább 3 órán keresztül.
3 Tálaljuk apróra vágott zöldhagyma zöldjével, kaporral vagy egy kanál tejföllel.

Adag: 6

Előkészületek: 15 perc

Tápérték adatok

Egy adag: 240 ml

A szakács jegyzetei

Érték adagonként	
Kalória	185
Zsírkalória (60%)	111
	% Napi adag
Összes zsír 12,7 g	19%
Telített zsír 7,7 g	39%
Koleszterin 45,8 mg	15%
Nátrium 495 mg	21%
Kálium 515 mg	15%
Összes szénhidrát 12,5 g	4%
Rost 1,8 g	7%
Cukor 8,9 g	
Protein 6,2 g	12%

A legegyszerűbb bableves

Ezt gyakran csinálom magamnak, mert olyan finom és szeretem megbolondítani a fűszeres paradicsommal. A nyelési problémások használhatnak natúr, apróra vágott paradicsomot.

475 ml csirkehúsleves
1 (425 g) doboz főtt bab püré
1 (425 g) doboz fekete bab, öblítve és leszűrve
230 g fagyasztott kukorica
1 (28,5 g) doboz Rotel paradicsom (konzerv paradicsom, paprikával fűszerezve)
Apróra vágott koriander, reszelt cheddar sajt, tejföl, apróra vágott avokádó és snidling a díszítéshez

Elkészítés

1 Egy közepes lábasban keverjük össze simára a csirkehúslevest és a bab pürét.
2 Adjuk hozzá a maradék hozzávalókat és kevergetve melegítsük, amíg elkezd forrni, kb. 15 percig.
3 Díszítsük az előkészített hozzávalókkal és tálaljuk.

Adag: 6

Előkészületek: 10 perc
Sütés / főzés: 15 perc

Tápérték adatok

Egy adag: 240 ml

A szakács jegyzetei

Érték adagonként	
Kalória	110
Zsírkalória (8%)	9
	% Napi adag
Összes zsír 1 g	2%
Telített zsír, 2 g	1%
Koleszterin 0 mg	0%
Nátrium 568 mg	24%
Kálium 357 mg	10%
Összes szénhidrát 20,1 g	7%
Rost 5,2 g	21%
Cukor 1 g	
Protein 6,1 g	12%

Burgonyaleves fehérrépával

A burgonya és a fehérrépa kettőséből pompás és tápláló levest lehet készíteni.

6 fehérrépa, hámozva és 1 cm-es kockákra vágva
4 nagy burgonya, hámozva és 1 cm-es kockákra vágva (lehetőleg russet fajta)
só ízlés szerint
2 szelet bacon szalonna, kockázva
1 nagy hagyma, apróra vágva
1 kis zeller szár, apróra vágva
1 szál friss kakukkfű
2 friss babérlevél
1 darab 1 cm-es friss gyömbér, reszelve
½ kiskanál fehér bors ízlés szerint
2 evőkanál fehérbor ecet
1 evőkanál barna cukor (vagy bio nádcukor)
960 ml szabadtartású csirkehúsleves
30 g apróra vágott friss petrezselyem

Elkészítés

1. Tegyük egy közepes lábasba a burgonyát és a fehérrépát és annyi vizet, hogy épp ellepje, majd forraljuk fel. Főzzük, amíg megpuhul, kb. 20 percig. Szűrjük le és törjük össze krumplinyomóval.
2. Egy nagy fazékban az olíva olajon, közepes lángon süssük meg a bacon szalonnát, amíg megbarnul, kb. 8 perc alatt. Tegyük bele a hagymát, a zellert, a kakukkfüvet, a babérleveleket, a gyömbért, az ecetet és a barna cukrot (vagy a bio nádcukrot) és süssük, amíg egészen megpuhul.
3. Adjuk hozzá a megtört burgonyát és fehérrépát, majd keverjük bele a csirkehúslevest. Hígítsuk vízzel, ha túl sűrűnek találjuk. Ha szükséges, adjunk még hozzá sót és borsot, majd keverjük bele a petrezselymet.

Adag: 8

Előkészületek: 30 perc
Sütés / főzés: 30 perc

Tápérték adatok

Egy adag: 295 ml

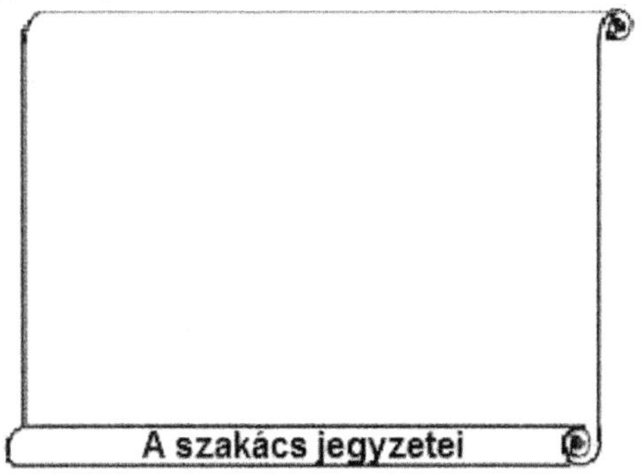

Érték adagonként	
Kalória	295
Zsírkalória (15%)	45
	% Napi adag
Összes zsír 5 g	8%
Telített zsír 1,5 g	8%
Koleszterin 6,5 mg	2%
Nátrium 417 mg	17%
Kálium 1.394 mg	40%
Összes szénhidrát 60 g	20%
Rost 11,7 g	47%
Cukor 12,2 g	
Protein 6 g	12%

Tanácsok

Ha még simább levest szeretnénk, dolgozzuk el egy turmixgépben és díszítsük petrezselyemmel.

Zöldségleves húsgombócokkal

Ezt a tápláló levest Rachael Ray inspirálta és nagyon szeretem. A quinoa pehely olyan lággyá teszi a húst, hogy elolvad a szájban.

1 csokor brokkoli rabe, megmosva, a szárak levágva a virág alatt 3 cm-rel
225 g darált sertéshús
1½ kiskanál édeskömény
½ kiskanál füstölt paprika
6 gerezd apróra vágott fokhagyma, elosztva
30 g quinoa pehely
1 nagy tojás
só és bors, ízlés szerint
113 g reszelt Parmigiano-Reggiano sajt és még egy kevés a díszítéshez
2 evőkanál olíva olaj
115 g kockára vágott bacon szalonna
1 nagy édes hagyma, apróra vágva
1 fej escarole saláta, megmosva és közepesre vágva
frissen őrölt szerecsendió
1 (400 g) doboz vajbab, leöblítve és leszűrve
950 ml csirkehúsleves
475 ml víz
230 g nyers orzó tészta, vagy más apró tészta

Elkészítés

1 Egy nagy fazék forrásban lévő sós vízben blansírozzuk a brokkoli rabét 5 percig. Vegyük ki és dobjuk jéghideg vízbe, majd tegyük félre. Főzzük meg a tésztát a csomagon található leírás alapján, jó puhára. Szűrjük le és tegyük félre.

2 Egy közepes keverőtálban alaposan keverjük össze a darált húst az édesköménnyel, a paprikával, a 2 gerezd fokhagymával, a quinoa pehellyel, a tojással, sóval és borssal, valamint a reszelt sajttal.

3 Egy másik nagy fazékban melegítsük fel az olíva olajat közepes lángon. Tegyük bele a bacon szalonnát és kevergetve pirítsuk, 3-4 percig. Tegyük bele a hagymát és a maradék fokhagymát és pirítsuk őket még 5 percig. Keverjük bele az escarole salátát, a szerecsendiót, sózzuk és borsozzuk. Adjuk hozzá a csirkehúslevest és kis lángon forraljuk fel.

4 Egy kis fagylaltos kanállal vagy kis kanállal csináljunk kis gombócokat a húsból és dobjuk a forrásban lévő levesbe. Főzzük kb. 5 percig, majd adjuk hozzá a babot, a brokkoli rabét és fűszerezzük, ha szükséges.

5 Tálaláshoz először tegyük a tésztát a tányér aljára, majd szedjük rá a levest. Díszítésnek szórjuk meg sajttal és szolgáljuk fel.

6

Adag: 6 Előkészületek: 30 perc Sütés / főzés: 15 perc

Tápérték adatok

Egy adag: 355 ml

A szakács jegyzetei

Érték adagonként	
Kalória	445
Zsírkalória (51%)	227
	% Napi adag
Összes zsír 25,4 g	39%
Telített zsír 8,2 g	41%
Koleszterin 77,9 mg	26%
Nátrium 405 mg	17%
Kálium 734 mg	21%
Összes szénhidrát 33,2 g	11%
Rost 6,6 g	26%
Cukor 1,7 g	
Protein 22,3 g	45%

Hagymaleves

A szerény hagyma a francia bisztrókban is sok étel alapja, de az USA-ban is nagyon népszerű. Én leginkább a Vidalia és a Maui fajtát kedvelem, mert ezeknek édes és markáns íze van. A hagyományos módszer helyett inkább turmixgépben vágom össze. Kenyér szelet helyett inkább pirított kenyérkockákat használok és a sajt mennyiségének a csökkentése is könnyíti a nyelést.

1 evőkanál sótlan vaj
1 evőkanál extra szűz olíva olaj
2 nagy édes hagyma, apróra vágva
2 nagy gerezd fokhagyma apróra vágva
1 babérlevél
2 kis kakukkfű ág
½ kiskanál só
frissen őrölt fekete bors ízlés szerint

120 ml száraz fehér bor
1 evőkanál brandy, (ízlés szerint)
1 evőkanál liszt
960 ml marhahús leves (kockából)
4 szelet francia kenyér héja nélkül, kockákra vágva
56 g reszelt svájci sajt
frissen vágott snidling a díszítéshez (ízlés szerint)

Elkészítés

1 Egy nagy öntöttvas lábasban közepes lángon olvasszuk fel a vajat és az olíva olajat. Pirítsuk benne a hagymát, a fokhagymát, a babérlevelet, a kakukkfüvet, amíg a hagyma karamellizálódik, 25-30 percig.
2 Öntsük bele a bort és a brandyt, (ha úgy szeretjük), forraljuk fel és lassú tűzön főzzük, amíg a folyadék jó része elpárolog és a hagyma száraz lesz. Vegyük ki és dobjuk ki a babérlevelet és a kakukkfüvet.
3 Szórjuk bele a lisztet és jól keverjük el. Lassú tűzön készítsünk világos rántást, kb. 5 percig.
4 Keverjük bele a marhahús levest és főzzük közepes lángon kb. 10 percig. Sózzuk, borsozzuk ízlés szerint. Vegyük le a tűzről, takarjuk le, amíg elkészítjük a pirított kenyérkockákat.
5 Melegítsük elő a sütő grillezőjét. Egy rétegben tegyük a kenyér kockákat a tepsibe és mindkét oldalukat süssük arany barnára, kb. 5 percig. Vegyük ki a sütőből és tegyük félre.
6 Tálalás előtt szedjük a levest leveses tányérokba, azokat tegyük egy tepsire. A levesekre szórjunk pár pirított kenyérkockát, majd hintsük meg sajttal. Tegyük vissza és grillezzük, amíg a sajt elolvad, 3-5 percig. Díszítsük a snidlinggel, ha szeretjük és szolgáljuk fel.

Adag: 4

Előkészületek: 10 perc   Sütés / főzés: 45 perc

Tápérték adatok

Egy adag: 240 ml

A szakács jegyzetei

Érték adagonként	
Kalória	271
Zsírkalória (31%)	83
	% Napi adag
Összes zsír 9,4 g	15%
Telített zsír 3,9 g	20%
Koleszterin 15,2 mg	5%
Nátrium 459 mg	19%
Kálium 277 mg	8%
Összes szénhidrát 34,4 g	11%
Rost 2,4 g	10%
Cukor 9,5 g	
Protein 7,9 g	16%

Osztrigás brie sajt leves

Ez a hihetetlenül finom leves Paula Deentől származik, aki még pezsgőt is tesz bele, de mi inkább buborékok nélkül szeretjük.

115 g sótlan vaj
1 nagy mogyoróhagyma vagy 1 kis sárga hagyma, apróra vágva (kb. 115 g)
32 g liszt
475 ml kagyló lé
355 ml csirkehúsleves (kockából)
475 ml habtejszín
340 g brie sajt, héja nélkül, kis darabokban
1 kis csokor összevágott snidling
só és bors ízlés szerint
2 tucat osztriga, háza nélkül

Elkészítés

1 Egy öntöttvas lábasban kis lángon olvasszunk vajat. Tegyük bele a mogyoróhagymát és pirítsuk, amíg megpuhul kb. 5 percig.
2 Szórjuk bele a lisztet és pirítsuk kb. 1 percig, amíg egy kicsit megbarnul.
3 Fokozatosan adjuk hozzá a kagyló levet, a csirkehúslevest és a habtejszínt.
4 Vegyük a lángot közepesre, forraljuk fel, majd ismét lassú tűzön főzzük még 10 percig.
5 Adjuk hozzá a sajtot, a snidlinget, a sót és a borsot, majd kevergessük, amíg a sajt elolvad. Tegyük bele az osztrigát és főzzük még 3 percig.
6 Tálaljuk snidlinggel díszítve.

Adag: 6

Előkészületek: 30 perc
Sütés / főzés: 20 perc

Tápérték adatok

Egy adag: 240 ml

A szakács jegyzetei

Érték adagonként	
Kalória	911
Zsírkalória (89%)	810
	% Napi adag
Összes zsír 92,1 g	142%
Telített zsír 57,8 g	289%
Koleszterin 282 mg	94%
Nátrium 993 mg	41%
Kálium 184 mg	5%
Összes szénhidrát 8,1 g	3%
Rost, 2 g	<1%
Cukor, 7 g	
Protein 15,7 g	31%

Borsó és fehérrépa leves

A borsó és a répa eredetileg is édeskés, így a leves is kellemesen édes lesz..

1 kis mogyoróhagyma, finomra vágva
455 g fagyasztott zöldborsó
710 ml csirkehúsleves (kockából)
115 g fehérrépa, hámozva, 1 cm-es kockákra vágva
1 babérlevél
só és bors ízlés szerint
2 evőkanál összevágott friss kapor
tejföl vagy joghurt a díszítéshez

Elkészítés

1. A kapor kivételével tegyük az összes hozzávalót egy lábasba. Forraljuk fel, majd vegyük lejjebb a lángot és főzzük, amíg a fehérrépa és a borsó megpuhul, kb. 15 percig.
2. Sózzuk, borsozzuk ízlés szerint. Hagyjuk egy kicsit lehűlni, majd dolgozzuk el egy turmixgépben.
3. Tegyük vissza a lábasba és adjuk hozzá a kaprot. Tálaljuk egy kanálnyi joghurttal vagy tejföllel.

Adag: 4

Előkészületek: 10 perc
Sütés / főzés: 20 perc

Tápérték adatok

Egy adag: 240 ml

A szakács jegyzetei

Érték adagonként	
Kalória	95
Zsírkalória (12%)	11
	% Napi adag
Összes zsír 1,4 g	2%
Telített zsír, 4 g	2%
Koleszterin 0 mg	0%
Nátrium 129 mg	5%
Kálium 330 mg	9%
Összes szénhidrát 14,7 g	5%
Rost 3,8 g	15%
Cukor 4,4 g	
Protein 7,4 g	15%

Banánleves

Sosem használtam főzőbanánt, amíg nem láttam Ingrid Hoffman műsorát a TV egyik főzőcsatornáján. Ez a változat rendkívül tápláló és ínycsiklandó.

1 evőkanál olíva olaj
1 kis sárga hagyma, apróra vágva
1 közepes répa, hámozva, kockára vágva
1 közepes zeller szár, közepesre vágva
2 gerezd fokhagyma, apróra vágva
½ kiskanál őrölt kömény
1 liter csirkehúsleves (kockából)
2 zöld főzőbanán, hámozva és vékonyra szeletelve,
2 nagy babérlevél
1½ kis cukkíni, vékonyra szeletelve
120 g apróra vágott friss koriander
só és frissen őrölt bors, ízlés szerint

Elkészítés

1. Egy közepes lábasban közepes lángon melegítsük fel az olíva olajat. Tegyük bele a hagymát, a répát, zellert és a fokhagymát és pirítsuk, amíg a hagyma megpuhul, kb.8 percig. Szórjuk bele a köményt és pirítsuk még 30 másodpercig.
2. Öntsük hozzá a csirkehúslevest, a banánt, a babérlevelet, takarjuk le és forraljuk fel. Állítsuk a lángot nagyon kicsire, hogy gyöngyözzön, vegyük le a fedőt és főzzük, amíg a banán jól megpuhul, kb. 45 percig.
3. Az utolsó 10 percben tegyük bele a cukkínit és a koriandert. Ha kész, vegyük le a tűzről és hagyjuk hűlni egy pár percig. Vegyük ki a babérleveleket.
4. Tegyük a leves felét egy turmixgépbe és dolgozzuk simára. Ezután öntsük vissza a lábasba és jól keverjük el.
5. Ha túl sűrű, adjunk hozzá még csirkehúslevest vagy vizet.
6. Fűszerezzük sóval, borssal, ízlés szerint. Melegen tálaljuk.

Adag: 6

Előkészületek: 20 perc
Sütés / főzés: 45 perc

Tápérték adatok

Egy adag: 60 ml

A szakács jegyzetei

Érték adagonként	
Kalória	164
Zsírkalória (26%)	43
	% Napi adag
Összes zsír 4,8 g	7%
Telített zsír 1 g	5%
Koleszterin 5,4 mg	2%
Nátrium 280 mg	12%
Kálium 628m	18
Összes szénhidrát 26,1 g	9%
Rost 2,3 g	9%
Cukor 12,1 g	
Protein 6,1 g	12%

Burgonya főzelék

Ez a főzelék egyszerű és ízletes. Annyira talán nem finom, mint amit Ica nagynéném csinált, de amikor ezt készítem, mindig ő jut eszembe.

- 2 nagy sütni való burgonya, hámozva és 2 cm-es kockákra vágva
- 1 kis apróra vágott hagyma
- 1 friss babérlevél
- 1 kiskanál só
- ¼ kiskanál frissen őrölt fekete bors
- 2 evőkanál kukorica keményítő (vagy nyílgyökér)
- 75 g tejföl vagy natúr joghurt
- 1 evőkanál friss citromlé vagy ecet

Elkészítés

1 Egy közepes lábasba tegyük bele a burgonyát, a hagymát, a babérlevelet, a sót és a borsot. Tegyünk rá annyi vizet, hogy ellepje és forraljuk fel. Főzzük, amíg megpuhul, 15-20 percig.

2 Egy kis tálban keverjük össze simára a keményítőt a tejföllel (vagy a joghurttal), majd öntsük a lábasba a burgonyára. Lassú tűzön kevergessük, amíg besűrűsödik.

3 Vegyük le a tűzről, kóstoljuk meg, fűszerezzük sóval, borssal, ha szükséges. Tegyük bele a citromlevet (vagy az ecetet), ízlés szerint. (Legyen közepesen fanyar.)

Adag: 2

Előkészületek: 10 perc
Sütés / főzés: 25 perc

Tápérték adatok

Egy adag: 230 g

A szakács jegyzetei

Érték adagonként	
Kalória	248
Zsírkalória (3%)	7
	% Napi adag
Összes zsír, 8 g	1%
Telített zsír, 5 g	2%
Koleszterin 2,5 mg	<1%
Nátrium 1.205 mg	50%
Kálium 1.335 mg	38%
Összes szénhidrát 56 g	19%
Rost 4,1 g	16%
Cukor 6 g	
Protein 6,9 g	14%

Sült borscs

A sütés kihozza a cékla mesés édes ízét. Télen egyszerűen olíva olajban sütöm meg, friss kakukkfűvel és köretként szolgálom fel. Ezért a receptért Tyler Florence-nak tartozunk köszönettel.

450 g nyers cékla (kb. 3 darab)
só és bors, ízlés szerint
6 kakukkfű ág
4 evőkanál olíva olaj
1 közepes hagyma, apróra vágva
2 közepes répa, hámozva, apróra vágva
2 gerezd fokhagyma apróra vágva
950 ml csirkehúsleves (kockából)
2 evőkanál vörösbor ecet
1 evőkanál méz vagy juharszirup
1 közepes alma, hámozva, csutkázva és reszelve (lehetőleg Granny Smith)
2 evőkanál apróra vágott friss kapor ág
120 ml tejföl

Elkészítés

1 Melegítsük elő a sütőt 200°C-ra.
2 Vágjuk le a céklák zöld szárait és dörzsöljük meg a héját és tegyük egy nagy alumínium fóliára. Fűszerezzük sóval, borssal, tegyünk mellé 3 kakukkfű ágat és locsoljuk meg 3 evőkanál olíva olajjal. Szorosan zárjuk le a fóliát és süssük puhára a céklákat, kb. 1 óráig. Tegyük félre. Amikor eléggé meghűlt, hogy kézbe vegyük, húzzuk le a héját és vágjuk nagyobb darabokra. (Ajánlatos gumikesztyűben dolgozni, mert a céklát nehéz lemosni a kézről.)
3 Egy nagy öntöttvas lábasban közepes lángon melegítsük fel a maradék olíva olajat. Pirítsuk meg benne a hagymát, a répát és a 3 kakukkfű ágat, amíg a zöldségek megpuhulnak, kb. 20 percig. Vegyük ki a kakukkfüvet.
4 Tegyük a cékladarabokat a turmixgépbe, adjuk hozzá a zöldséget és a csirkehúslevesből annyit, hogy simára lehessen turmixolni. Adjuk hozzá az ecetet és a mézet (vagy a juhar szirupot) és ízesítsük sóval, borssal.
5 Tálalhatjuk melegen és hidegen egyaránt. Díszítsük reszelt almával, tejföllel és kaporral.

Adag: 8

Előkészületek: 30 perc
Sütés / főzés: 1 óra, 30 perc

Tápérték adatok

Egy adag: 240 ml

A szakács jegyzetei

Érték adagonként	
Kalória	192
Zsírkalória (52%)	100
	% Napi adag
Összes zsír 11,3 g	17%
Telített zsír 3 g	15%
Koleszterin 11,1 mg	4%
Nátrium 251 mg	10%
Kálium 478 mg	14%
Összes szénhidrát 19 g	6%
Rost 3 g	12%
Cukor 12,1 g	
Protein 4,8 g	10%

Paradicsomos bableves

Giada De Laurentiis adta az ötletet ehhez a leveshez. Tört paradicsomot használva könnyebb elkészíteni.

- 2 evőkanál sótlan vaj
- 1 közepes hagyma, apróra vágva
- 2 közepes répa, hámozva, apróra vágva
- 2 közepes gerezd apróra vágott fokhagyma
- 1 (425 g) doboz fehér bab, leszűrve, leöblítve
- 1 (790) doboz tört paradicsom
- 710 ml csirkehúsleves (kockából)
- 1 babér levél
- 1 ág friss és egy kiskanál darált rozmaring
- ¾ kiskanál só
- ½ kiskanál frissen őrölt fekete bors
- 160 ml tejföl
- 1 citrom reszelt héja

Elkészítés

1. Egy nagy lábasban közepes lángon olvasszuk fel a vajat. Tegyük bele a hagymát, a répát, a fokhagymát és pirítsuk, amíg a zöldségek megpuhulnak, kb. 5percig.
2. Tegyük bele a babot, a paradicsomot, a babérlevelet és a rozmaring ágat. Fedjük le, hozzuk forrásba, majd lassú tűzön főzzük 30 percig.
3. Vegyük ki a rozmaring ágat és a babérlevelet. Egy botmixerrel dolgozzuk el olyan állagúra, amilyenre szeretjük. Sózzuk, borsozzuk ízlés szerint.
4. Egy közepes edényben keverjük jól össze a reszelt citromhéjat a tejföllel és a darált rozmaringgal.
5. Szedjük leveses tálakba és tegyünk mindegyiknek a közepébe egy kanál citromhéjjal és rozmaringgal fűszerezett tejfölt.

Adag: 6

Előkészületek: 10 perc
Sütés / főzés: 35 perc

Tápérték adatok

Egy adag: 240 ml

A szakács jegyzetei

Érték adagonként	
Kalória	251
Zsírkalória (34%)	86
	% Napi adag
Összes zsír 9,7 g	15%
Telített zsír 5,5 g	28%
Koleszterin 23,5 mg	8%
Nátrium 493 mg	21%
Kálium 984 mg	28%
Összes szénhidrát 32,5 g	11%
Rost 7,8 g	31%
Cukor 3 g	
Protein 10,7 g	21%

Toszkán kelkáposzta fehérbab levessel

Mi szeretjük a kelkáposztát, de spenótot vagy más zöldet is használhatunk, ha jobban szeretjük.

- 2 evőkanál olíva olaj
- 1 kis vörös hagyma, vékonyra szeletelve
- 2 gerezd fokhagyma, apróra vágva
- 1 babérlevél
- 680 g kelkáposzta, leöblítve és közepesre vágva
- ¾ kiskanál só
- ¼ kiskanál frissen őrölt fekete bors
- 2 (425 g) doboz fehér bab, leszűrve, leöblítve
- 1 (410 g) doboz kockázott paradicsom, leve nélkül
- 120 ml csirkehúsleves, (kockából)

Elkészítés

1. Egy nagy serpenyőben közepes lángon melegítsük fel az olíva olajat. Tegyük bele a hagymát, a fokhagymát, a babérlevelet és pirítsuk, amíg a hagyma megpuhul, 3-4 percig.
2. Tegyük bele a kelkáposztát, sót, borsot és főzzük még 2 percig.
3. Adjuk hozzá a babot, a paradicsomot és a csirkehúslevest.
4. Fedjük le és főzzük kis lángon, amíg a kel megfonnyad és átfő, kb. 15 percig. Kóstoljuk meg és sózzuk, borsozzuk, ha szükséges, majd tálaljuk.

Adag: 4

Előkészületek: 15 perc
Sütés / főzés: 30 perc

Tápérték adatok

Egy adag: 240 ml

A szakács jegyzetei

Érték adagonként	
Kalória	492
Zsírkalória (16%)	77
	% Napi adag
Összes zsír 8,8 g	14%
Telített zsír 1,3 g	7%
Koleszterin 0 mg	0%
Nátrium 1.050 mg	44%
Kálium 2.564 mg	73%
Összes szénhidrát 80,5 g	27%
Rost 21,2 g	85%
Cukor 2,2 g	
Protein 29,5 g	59%

Cukkíni vagy pézsmatök főzelék

Ezt készíthetjük tökkel vagy cukkínivel vagy a kettő kombinációjával.

1 evőkanál vaj
1 kis apróra vágott hagyma
2 nagy cukkíni (vagy pézsmatök), reszelve
1 kiskanál só

115 g natúr görög joghurt
1½ evőkanál apróra vágott friss kapor
1 kiskanál friss citromlé
reszelt citromhéj (ízlés szerint)
¼ kiskanál paprika a díszítéshez (ízlés szerint)

Elkészítés

1 Egy közepes lábasban, közepes lángon olvasszunk vajat. Pirítsuk meg benne a hagymát üvegesre, kb. 5 percig.
2 Tegyük bele a cukkínit (vagy a tököt), sózzuk meg és főzzük tovább, amíg megpuhul, kb. 5 percig.
3 Keverjük a kaprot a joghurtba és adjuk a cukkínihez. Tegyük bele a reszelt citromhéjat (ha úgy szeretjük) és keverjük el.
4 Díszíthetjük egy csipet paprikával és tálaljuk. .

Adag: 2

Előkészületek: 15 perc
Sütés / főzés: 15 perc

Tápérték adatok

Egy adag: 240 ml

A szakács jegyzetei

Érték adagonként	
Kalória	163
Zsírkalória (48%)	78
	% Napi adag
Összes zsír 8,9 g	14%
Telített zsír 5,2 g	26%
Koleszterin 23,2 mg	8%
Nátrium 1.219 mg	51%
Kálium 1.023 mg	29%
Összes szénhidrát 17,9 g	6%
Rost 3,9 g	16%
Cukor 13 g	
Protein 6,6 g	13%

Ez a lista a kevésbé ismert hozzávalókat mutatja be.

Agavé szirup

Ezt az édesítőt a kereskedelem számára Dél Afrikában és Mexikóban állítják elő több fajta agavé növényből, köztük a kék agavéból, (ebből csinálják a tequilát is). Az agavé nektár édesebb, mint a méz, de kisebb a viszkozitása. Egyéni ízlésünk dönthet, hogy mennyit használunk belőle, ha a recept mézet vagy juhar szirupot említ.

Arame

Ez egy tengeri növény (hínár), általában a japán konyha használja. Kalciumban, jódban, vasban, magnéziumban és más ásványi anyagokban igen gazdag. Szárazon lehet kapni és felhasználás előtt be kell áztatni. Kövessük a „Saláták és salátaöntetek" fejezet útmutatásait vagy kövessük a csomagolón levő leírást.

Csillag ánizs

Ez csillag alakú hüvely, egy örökzöld fa termése és medvecukor vagy ánizs íze van. Általában ázsiai üzletekben lehet kapni. Vásárláskor figyeljünk arra, hogy ép, egész darabokat vegyünk, ne töröttet.

Datolyapálma cukor (kókuszpálma cukor)

Mindkettő a barna cukorra emlékeztet, de nincs olyan fémes mellékízük. Alacsony hőmérsékleten olvad, ezért ideális édesítő, különösen sütéshez. Sokszor keverik ennek a két cukornak a nevét, bár nem egészen egyformák. Az egyik a cukorpálmának is nevezett datolyapálmából származik, a másik pedig a kókuszpálmából. Mindkét esetben a nedves virágbimbókból vagy a fa nedveiből készül a cukor. Mindkét cukornak alacsonyabb a glikémiás indexe, mint a cukorrépából vagy cukornádból készült cukoré, ami azt jelenti, hogy a vér glukóz tartalmát egyenletesebben emeli meg, ezért egészségesebb.

Garam Masala

Őrölt fűszerek keveréke, indiai és dél ázsiai receptekben népszerű. Használhatjuk magában vagy más fűszerekkel együtt. Pikáns, de nem erős.

Hajdina dara

Gyakran használják Kelet Európában, különösen Oroszországban és Nyugat Ázsiában Kásának is hívják és a parasztok ételeként tartják számon. Talán ismerős a Kasha Varnishkes.

Juhar szirup

A kifejlett juharfa nedveiből készül. Finomított formában kapható, de táplálóbb, mint a cukor.

Just Like Sugar® (márkanév)

Ez az édesítő cikória gyökérből, étkezési rostból, C-vitaminból, kalciumból és narancshéj ízből van összeállítva. A granulátumok olyan édesek, mint a cukor és sütéshez, főzéshez egyaránt használható.

Kapribogyó

A kapri bokor virágrügyei. Ízesítéshez és díszítéshez használják. Olasz és mediterrán ételek készítésénél használják. Erős íze van, ezért csak kis mennyiségben használatos szószok vagy ételek fűszerezésénél.

Kardamom hüvelyek

Ezek apró háromszög alakú papírvékony hüvelyek, apró fekete magvakkal a belsejükben. Ez a harmadik legdrágább fűszer a sáfrány és a vanília után. Őrölt formában is lehet kapni. Én általában a hüvellyel együtt használom és tálalás előtt kiveszem. Az indiai konyhában népszerű.

Lenmag

A magoknak enyhén mogyoró íze van és rengeteg omega-3 zsírsavat tartalmaz. Egészben, őrölve vagy lenmag olaj formában is kapható. A szezámmagnál kicsit nagyobb és kemény, fényes héja van. Színe lehet barnásvörös vagy arany borostyán, a fajtától függően. A tápanyagok az őrölt lenmagból könnyebben felszívódnak, ezért ideális turmixokban és gabonapelyhekkel keverve.

Mesterséges édesítők

Ezek sosem egészséges alternatívák. Mérgezőek és kerülendők. Például az Aspartam, a Szacharin és a Sucralose.

Nyílgyökér

A nyílgyökér alacsonyabb hőmérsékleten sűrűsödik, mint a kukorica keményítő és nem gyengítik a savas összetevők, természetesebb íze van és a fagyasztást is jól bírja. Viszont tejtermékekkel nem keveredik jól. A nyílgyökeret előbb keverjük el hideg folyadékkal (például vízzel vagy gyümölcslével), mielőtt forró folyadékkal keverjük.

Nyírfacukor

A nyírfa kérgéből állítják elő úgy, hogy a fát nem vágják ki. Xylitol néven is ismert és csak fele annyi kalória van benne, mint a cukorban, ezért sütéshez ideális Gyorsan oldódik, íze és kinézete olyan, mint a cukoré és nincs kellemetlen utóíze.

Olajak

Canola olaj - Nagyon enyhe íze miatt sok mindenre lehet használni. Jó pirítani, sütni vagy grillezni. Saláta öntetekhez vagy szószokhoz ideális, amikor semleges ízre van szükség.

Kókusz olaj - Kókusz pálma magjából vagy húsából nyert kivonat. Hő tűrése miatt ideális nagy hőmérsékleten való sütéshez, főzéshez.

Extra szűz olíva olaj - Az érett bogyók első sajtolásából származó olaj. Főzéshez legtöbbször ezt választom.

Len olaj - Lenmag olaj néven is ismert, a magok hideg sajtolásából nyerhető. Sütésre nem alkalmas, de turmixokba, salátákra ideális. Több ízesítéssel kapható, például fahéj, gránátalma és citrom.

Mogyoró olaj - A földimogyoróból sajtolt enyhe ízű olaj. Ideális nagy hőmérsékletű sütéshez.

Panko

Japán stílusú prézli. Héj nélküli kenyérből készül, darabosra őrölve, hogy ropogós legyen. A hagyományos kenyérnél kevesebb nedvességet szív fel, ezért később puhul meg.

Quinoa mag, pehely és liszt

Az újra felfedezett „mag" a quinoa Dél Amerikából származik és valaha az „inkák aranyának" hívták. A quinoában nemcsak sok a protein, hanem az egész proteinből áll és mind a 9 fontos aminosavat tartalmazza. A quinoában sok a lizin is, ami a szövetek növekedéséhez és regenerálódásához elengedhetetlen. A rizshez vagy más gabonához hasonlóan kell főzni. A quinoa pehely remek reggelire. Néhány receptben prézli helyett is kiváló. A lisztjével pedig csodásan lehet sütni.

Sztívia

Ez a nulla kalóriás édesítő édeslevél néven is ismert. Cukor helyett jól használható forró italokban, kávéban, teában és turmixokban. Étkezési kiegészítőként forgalmazzák az USA-ban, mert az 1990-es években be volt tiltva. Sütéshez nem helyettesíti a cukrot, de mivel a vér glukóz szintjére elhanyagolható a hatása, édesítőként pompás. Különböző formákban kapható, például por alakban, külön zacskós adagokban vagy ízesített cseppekben.

Sucanat

Ez a tiszta, szárított cukornád lé márkaneve és barna cukor helyett lehet használni. A hagyományos barna cukorral ellentétben a vitaminok, ásványok és a melasz a gyártás során nem vesznek el.

Tahini

A tahini vagy szezám paszta hántolt, enyhén pörkölt, őrölt szezám magokból készül. Fő hozzávalója a humusznak és más görög, török és egyéb közel keleti ételeknek.

Tamari szója szósz/Shōyu

Ezt az ízesítőt a szójabab erjesztésével állítják elő. Öt fő kategóriára osztják, az összetevőktől és az előállítás módjától függően. A legtöbb, de nem minden japán szójaszósz tartalmaz lisztet, de létezik lisztmentes termék is. Vásárláskor ellenőrizzük az összetevőket a csomagoláson.

Tofu

Tofu, de bab túrónak is hívják, a szójatej alvasztásával készülő étel. A szója túrót, puha fehér tömbökbe sajtolják. Különböző sűrűségben kapható, kevés kalóriát tartalmaz, sok benne a protein és kevés a zsír. Én óvatosan használom, de könnyű lenyelni és jó proteinforrás.

Truvía®

Ez egy Sztívia alapú cukorpótló. Ezt a természetes kalóriamentes édesítőt úgy készítik, hogy a sztívia leveleket vízbe áztatják, a teakészítéshez hasonlóan. Cukorbetegek által is fogyasztható.

Umeboshi ecet

Ez az ecet egy japán hagyományos savanyú szilvából készül (ami valójában inkább sárgabarack). Úgy tartják, jó az emésztésnek, megelőzi a hányingert, méregtelenítő és másnaposság ellen is jó. A benne lévő citromsav állítólag baktériumölő hatású és segíti a nyálképződést és a rizs emésztését. Nagyon sós és savanyú. Szilva alakú paszta formában és ecetként is kapható.

Xylitol

Ez is cukorpótló és nagyon alacsony a glikémiás indexe. Egy kiskanálnyi (5g) 9,6 kalóriát tartalmaz, a cukor pedig 15-öt. Hő hatására ugyanúgy viselkedik, mint a cukor, ezért sütéshez-főzéshez ugyanolyan jól használhatjuk.

ZSweet® por

Egy természetes édesítő, eritrit és sztívia rebaudiana levél kivonatokból készül, természetes ízesítők hozzáadásával. Ugyanolyan mennyiséget használunk belőle, mint a cukorból, készíthetünk vele cukorbevonatot vagy más süteményt. Ez a nulla kalóriás édesítő a fogat sem szuvasítja.

Igen, konyhagép-függő vagyok. A felsorolt eszközök határozottan nem mind nélkülözhetetlenek, de fontos figyelmesen elolvasni a recepteket, hogy megfelelően tudjuk helyettesíteni az említett eszközt. Minden recept mellett van egy kis kép az elkészítéshez használt konyhagéppel.

Botmixer

Ez is csodálatos, egyenesen a pohárban turmixolja az ételt. Az aprítás mértékét is könnyen lehet szabályozni vele. De ha teljesen simára akarunk valamit dolgozni, akkor használjuk a turmixgépet.

Citromreszelő

Citrusfélékhez remek és úgy reszeli a citromhéjat, hogy nem kerül bele a keserű része.

Citrom, zöldcitrom nyomó

Ez egy bűvös dolog. Gyakorlatilag kifordítja a citromot, minden csepp levet kisajtol és a magokat is megtartja.

- ✓ ***Ötlet*** */ Ha a citromot, zöldcitromot túl keménynek érezzük, tegyük 10 másodpercre a mikrohullámú sütőbe. Így több levet lehet belőle kinyerni.*

Digitális mérleg

Használjunk digitális mérleget, ami képes grammot, unciát és millilitert mérni, valamint van tároló funkciója. Olyat keressünk, amelyik lapos és könnyű tisztítani.

Elektromos vízforraló

Sokáig ellenálltam neki, mert nem akartam, hogy foglalja a helyet, de nagyon praktikus. Nemcsak hihetetlenül gyorsan forralja a vizet, de magától ki is kapcsol...

Fűszer őrlő (elektromos, kézi vagy mozsár mozsártörővel)

Ez sem nélkülözhetetlen, de jó, ha van. Mielőtt vettem egyet, egy nejlonzacskóban törtem a fűszert a húsklopfolóval. Bizonyos dolgokhoz még mindig ezt a módszert használom. A kávédarálót viszont nem ajánlom, mert azzal a fűszereknek kávés íze lesz.

Gyümölcs centrifuga

A centrifugális gyümölcsprések a legnépszerűbbek és a legolcsóbbak. Könnyen lehet velük kivonni szinte bármilyen gyümölcsnek vagy zöldségnek a levét. Nekem egy Breville márkájú van, nagy bemeneti csővel, ami azt jelenti, hogy nem kell apróra vágni a gyümölcsöt mielőtt beleteszem. A centrifugális erő nagy sebességgel forogva, a gyümölcsöt, a szűrő hengerre nyomja. A maradék pép egy tárolóba kerül, ahonnan kidobhatjuk.

Hal spatula

Ezzel könnyű a törékeny halakat forgatni. A törékeny zöldséghez is jó, mert a réseken a fölösleges zsír visszacsurog a serpenyőbe.

Kézi keverőgép

Nélkülözhetetlen sütéshez vagy habveréshez. Főzési tudományom nem terjed ki a sütés világára. A „Le Cordon Bleu"-nél mindenből „jelesre" vizsgáztam, csak sütésből kaptam „jó" osztályzatot a francia cukrásztól.

Kézi reszelő, 4 oldalú reszelő

A kézi reszelő több méretben kapható. Mindegyik nagy segítség fokhagyma, gyömbér vagy kemény tojás, stb. reszelésében. Ezek a régimódi eszközök nagyon hasznosak kisebb munkáknál. A nagyobb munkákhoz a konyhai robotgépet használom.

Konyhai robotgép

Élni sem tudnék enélkül a fantasztikus, sokoldalú gép nélkül! Nekem egy Cuisinart típusú gépem van, ami még az 1980-as évekből való, de még mindig kitűnően működik. Van egy kisebb is, amit kisebb munkákhoz használok, mindig kéznél van.

Konyhai szeletelő

Az enyém egy Börner modell, a többi modell is kiváló, különböző árakon kaphatók. Használom az összes hozzátartozó vágóélet, kis munkákhoz kiváló. A kihajtható lábú változatot ajánlom, azok stabilabbak.

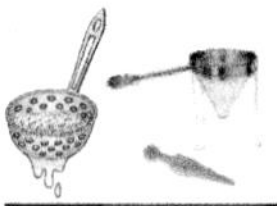

Kúp szűrő

Felbecsülhetetlenül hasznos eszköz gyümölcsök, zöldségek nem kívánt magjainak kiszűréséhez. Egy kínai kalaphoz hasonlít, nagyon finom szűrővel van felszerelve, pudingok, szószok szűrésére is használható. Tartozik hozzá egy fa rudacska, ami a kúp csúcsába illeszkedik és azzal szinte minden cseppet át lehet passzírozni.

Mérőcsészék, kanalak

Én az OXO mérőcsészéket kedvelem, mert azokon a legkönnyebb leolvasni a mennyiséget. A nyelük lágy és jó a fogásuk. A mérőkanalak közül a mágneseset ajánlom, mert egymásba helyezhetők, így tárolásuk egyszerűbb, mint azok, amelyeket egy gyűrű fog össze.

Muffin sütő forma

Nagyon hasznos és nem csak muffinokhoz, pudingokat és mini quish-eket is lehet bennük készíteni. És ha már beruház, akkor vegyen egy mini muffin formát is. Előételek készítéséhez kitűnő.

Pite tál

Az enyém egy mély kerámia tál. Sok minden sütésére alkalmas a sütemények mellett. Nemrég egy pite gyűrűt vettem, ami megakadályozza, hogy a pite oldala megkeményedjen, mielőtt a közepe is megsül.

Pogácsaszaggató

Nem elengedhetetlen, de egy pogácsaszaggató készlettel kivágva hatásosan lehet prezentálni a különféle ételeket. Például próbálja ki a zöld „kenyéren", ami a hátsó borítón van, a receptje pedig a 19. oldalon.

Silpat – szilikon sütőlap

Eredetileg Franciaországban készítették és semmi sem tapad hozzá. Ez sem nélkülözhetetlen, de segít megspórolni sok alumínium fóliát vagy sütőpapírt. Használjuk tepsiben. Több méretben lehet őket kapni és 450°C-ig hőálló. Sok különböző sütőlap kapható, keresse őket az Amazon.com-on.

Szendvicssütő

Nagyon praktikus kisebb mennyiségek grillezéséhez. Most jut eszembe... sosem használtam szendvicsekhez! A forró nyári hónapokban megtakaríthatjuk vele a konyha befűtését a konyhai sütővel.

Szűrőkanál

Nagyon hasznos a forró folyadékokból kihalászni vele dolgokat. Ez egy széles, kosár alakú háló és nagyobb darab ételeket vagy tésztát tudunk vele kivenni.

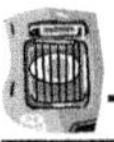

Tojás szeletelő

Nekem olyan van, amelyik gerezdel és szeletel és elég kicsi, könnyű tárolni. Néha gombát is szeletelek vele.

Turmixgép, Mini turmixgép, Magic Bullet® (márkanév)

Ez felbecsülhetetlen segítség a nyelési folyamatoknál. Bármit teljesen simává varázsol másodpercek alatt. Az elkészítendő mennyiségtől függően válogathatunk a mini turmixgép és a turmixgép között. A Magic Bullet kitűnő egy adag készítéséhez és a keverőpoharából inni is lehet. Műanyag tető is van hozzá, így a hűtőszekrényben is lehet tartani vagy magunkkal vinni az autóban.

Zöldség hámozó

A hámozó késnél ezerszer jobb!

Néhány, nem mindenki által ismert konyhai kifejezés magyarázata.

Felverés

Erőteljes fel-le mozgással simára keverni

Karamellizálás

Addig sütni az ételt, amíg a természetes cukortartalom kiválik és megbarnul.

Kenyérkockák

Apró, pirított, sütött vagy grillezett kenyérdarabok. Levesek, saláták díszítésére használjuk.

Emulgeálás

Egymásban nem oldódó anyagok például ecet és olaj keverése. Gyakran használt emulgeátor a tojás, ami megköti az olajat és citromlét a majonézben és mustár a salátaöntetben.

Panírozás (bundázás)

Az étel liszttel, kukorica őrleménnyel, prézlivel vagy pankóval való borítása. Ettől az étel finom, vastag, ropogós bevonatot kap.

Buggyantás (gyöngyözés)

Az ételt éppenhogy forráspont alatti hőmérsékleten kell tartani. A buggyantott tojás általában vízben és ecetben készül, a hal fehérborban, a csirke fűszerezett vízben és a gyümölcs pedig borban. Tipikusan a tojást buggyantjuk enyhén sós vízben, egy kis ecettel, hogy a tojást egyben tartsa, amíg a fehérje megszilárdul és a sárgája is kezd keményedni, 4-5 percig.

Rántás

A rántás egyenlő mennyiségű zsiradékkal és liszttel történő sűrítő eljárás. A zsírt felolvasztjuk egy serpenyőben és hozzáadjuk a lisztet és addig pirítjuk, amíg a liszt elveszti nyers ízét. A rántás színe a sütés hosszától függően világos zsemleszínűtől barnáig változhat.

Pirítás

A pirítás viszonylag nagy lángon, olajban vagy zsírban, hirtelen történő sütés. A hozzávalókat gyorsan kell mozgatni, kevergetni vagy a serpenyőt rázogatni. Az étel egyszerre melegszik át és gyorsan megsül.

Sűrítés (habarás)

Sűrítésnél vizet és keményítőt keverünk össze, (lisztet, kukorica keményítőt vagy nyílgyökeret, amivel azután a leveseket vagy szószokat sűrítjük. Miután a kívánt ételbe beletettük a sűrítést, főzzük és kevergessük pár percig, hogy ideje legyen besűrűsödni és elveszítse nyers ízét.

Hőkiegyenlítés

Tojás sárgáját kevés forró folyadék hozzáadásával óvatosan melegíteni, közben keverni kell, hogy ne keményedjen meg. A hőkiegyenlítést a csokoládéval is használják, továbbá sütemények, édességek borításához is, hogy szobahőmérsékleten is kemények maradjanak.

Mértékegységek átváltása

Az eredeti Down Easy receptek az Egyesült Államok mértékegységeinek használatával készültek. A következő táblázat az amerikai mértékegységek átváltását mutatja az európaihoz.

Mennyiség	USA mértékegység	Mennyiség	Egység
1	Csésze	230	g
1	Csésze	240	ml
$^3/_4$	Csésze	170	g
$^3/_4$	Csésze	180	ml
½	Csésze	115	g
½	Csésze	120	ml
$^3/_4$	Csésze	75	g
$^3/_4$	Csésze	80	ml
1	evőkanál	14	g
1	evőkanál	15	ml
1	kiskanál	5	g
1	kiskanál	5	ml

Bizonyos alapanyagokat, mint például a quinoát, árpát, mandulát, cukrot, spenótot, koriandert, salátát, sajtot, lisztet és tengeri hínárt újból mértünk a metrikus egységekben, mert sűrűségük eltérő.

Index

A

B

C

E

F

G

H

I

K

U

V

Y

Z

"A legjobb még hátra van"

Robert Browning

Printed in Dunstable, United Kingdom

91223679R00125